日本人と山の宗教

菊地大樹

講談社現代新書

2577

序章

立山連峰から

北アルプスに位置する立山《たてやま》連峰。富《と》山《やま》平野からも、すっくと屹立《きつりつ》する雄姿を望むことができる。それがそのまま、山の名前となった。筆者が友人二人とともにここを訪れたのは、九月上旬にしては珍しいほどのさわやかな好天の日であった。立山には、富山市街から常願寺《じょうがんじ》川沿いに鉄道とバスが整備され、いまでは室堂平《むろどうだいら》まで容易に至ることができる。しかし、かつてひとびとはこの道を、ひたすら歩いて頂上を目指した。

前立社壇（旧岩峅寺）裏に残る旧参詣道

富山平野の縁辺部が、山間部からスカートのように延びた扇状地の突端と交わるあたりには、かつての岩峅寺《いわくらじ》（雄《お》山《やま》神社前立社壇《まえたてしゃだん》）が鎮座している。ここで参詣者はまず、みそぎを行って身を清めた。ここからすでに、立山登山は始まっている。周辺にはいまでも旧道や宿坊の跡がみられ、かつての面影を残す。しかしいまでは、登山者の多くは頂上を目指して先を急ぎ、この地を素通りしてゆく。

やがて山間部に入ると、次の重要なポイントは芦峅寺《あしくらじ》である。ここには富山県の立山博物館もあり、いまでも観光地として知られている。やはり優雅な庭園を備えた宿坊跡などが公開されており、かつて立山登山のベースキャンプとして栄えたことを物語る。しかし、登山鉄道はさらに奥まで続き、ここで途中下車して信仰登山時代を偲《しの》ぼうという人も、いまはそれほど多くない。

鉄道の終点からバスを乗り継いで室堂ターミナルに着くと、高原のむこうには立山三山が朗と聳えていた。よく整備されたトレッキングコースに導かれながら、少しずつ沢へと向かって下ってゆくと、みくりが池に着く。『日本百名山』の中で深田久弥《ふかだきゅうや》は、この池について、

昔、ある僧が人の留めるのもきかずこの池で泳いだ。最初は懐剣《かいけん》を口にくわえていたので無事だったが、池を見くびってそれ無しで泳いだところ、一巡り、二巡り、三巡り目に、池の中心深く沈んだまま遂に現れなかった。三繰《みくり》ケ池という名はそこから出たという。

というエピソードを紹介している。しかし本来は、べつの由来があろう。たとえば、「御厨《みくり》」といえば神仏への供物を調理する施設であり、これに付属する池として水を供給したものかもしれない。穢《けが》れを落とし身を清めるための行水《ぎょうずい》を意味する「垢離《こり》」に美称の「み（御）」がついて「みこり」となり、転訛していまの呼称となったというのも一案だ。

ともあれ、前近代においてここ室堂の地は、心地よくロマンチックな高原などではなく、いよいよ神の山に登るための準備をする、厳粛なベースキャンプの一つであった。「室堂」という地名もまた、厳しい自然環境の中でひとびとがよるべとした、参籠《さんろう》のための小屋に由来する。ここには現在も、往時の参詣に使用された江戸時代の建物が残り、国の重要文化財に指定されている。現代のわれわれにヨーロッパアルプスを連想させるようなこの景色も、前近代のひとびとには異なる趣きを湛《たた》えた風景と映ったことだろう。

雷鳥沢《らいちょうざわ》キャンプ場に一泊した筆者のグループは、夕暮れ時には五羽もの雷鳥の群れ（家族だろうか？）が通り過ぎるという山の歓迎を受けながら仮眠し、深夜午前三時すぎに登山を開始した。別山《べっさん》→富士ノ折立《おりたて》→大汝山《おおなんじやま》→雄山《おやま》と北西から南へ向かって縦走するコースを歩き始め、尾根筋に出て西の方向を見ると、富山市方面の市街地の灯も目に入る。中世の山林修行者もまた、このあたりから里の遠景を眺めていたはずである。

市内から立山連峰を望むことができるのであってみれば、こちらからも市街地が見えるのは、いわば当然だ。ところが、ふだん都会に暮らす筆者のような人間にとって、立山のような霊山はやはり「異界」である。いったんこう思いこんでしまうと、下界から隔絶したイメージばかりが膨らんでしまい、じつは山が人の住む領域と連続していることを忘れてしまいがちである。だが、こうして実際に三山の尾根筋に立ち、その視界の内にしかとひとびとの営みを捉える時、筆者はいつしかここまでの道のりを思い出し、立山が裾野を経て人の生活領域と地続きであることを改めて実感することができた。この感覚は、山の宗教の長い歴史を考えようとする本書において、もっとも大事にしてゆきたいものの一つでもある。

信仰登山時代の面影

夜がすっかり明けると、一番南に位置する雄山の山頂までもが雲間に姿を現し、眼下には室堂平の谷に広がるカラフルなテントの群れが点々と色を添えている。やがて剣御前《つるぎごぜん》小舎にたどり着くと、朝日に照らされて輝く剣岳《つるぎだけ》の奇怪な山容が迫る。ご来光には間に合わなかったが、別山山頂では自らの影が七色の円光を帯びて、ブロッケン現象を体験することができた。これはご承知のように、山頂で太陽を背にして霧などに映った自身の影の周囲に、色のついた光の輪が見える自然現象である。

　あとで調べてみると、北日本新聞の記事が目に留まった（二〇〇九年七月二八日）。それによれば、江戸中期に立山で発生したブロッケン現象を、極楽浄土から阿弥陀三尊《あみださんぞん》が現れる「来迎《らいごう》」の姿として描いたとみられる掛軸が、金沢《かなざわ》市の妙慶寺《みょうけいじ》で発見されたという。その裏書には、僧侶ら三人が立山の二ノ越に登り、絵のような来迎を拝んだと記されていた。立山博物館は、「ブロッケン現象と立山来迎信仰を、直接結びつける史料が確認されたのは初めて。非常に価値が高い」とコメントを寄せている。山に現れた自然現象に対して、前近代のひとびとが宗教的にどのような解釈を施していたのかが、よく分かる発見である。

雄山神社（峰本社）を望む

　やがて大汝山を経て雄山の山頂にたどり着いた時には、すでに時計の針は正午に近くなっていた。反対側のルートから登ってきた参拝客と合流すると、おりからの好天も花を添え、狭い山頂はひときわ賑わいをみせている。雄山神社に参拝して神職からそのいわれを拝聴すると、御神酒とお札を拝受して山頂を後にした。

日本を代表する霊山立山には、随所に信仰登山時代の面影を見ることができる。しかし筆者が見る限り、いまでは登山者の多くは霊山ではなくアルプスに登る気分でここを訪れていた。同じ山でも、登る時代や人の気分によって見え方もさまざまである。そのことも含めて、やはり現地に立ってみて実感することや、はじめて気づくことは多くあった。

山を神々の坐《いま》す神聖な異界と感じてその頂を目指す伝統的な信仰登山は、いまなお続けられている。いっぽう現代を生きる我々にとって、山は自然に満ち溢れたストレスフリーでさわやかな空間、という意味でも異界である。このように登山に対しては、近代に入ってからロマンティシズムやエコロジー、ニューツーリズムといった、現代社会に直結する価値観が積極的に加えられていった。

大正末年から登山を始めた深田が、戦後における登山ブームと急激な近代化に目を見張り、いっぽうでその状況を寂しく思いつつも『日本百名山』を上梓したのは一九六四年、東京オリンピック開催を三ヵ月後に控えた初夏のことである。その深田自身も、抹香《まっこう》臭い信仰登山より、じつはアルプスの山々に思いを寄せ、山で青春を謳歌《おうか》せんとする新しい世代に共感していた。このころに、いまを生きるわれわれの登山観が確立するとともに、信仰登山は水面下に沈んで山の宗教の系譜は見えにくくなった。このことについては、本書の最後でふたたび考えてみたい。

「山」へのあらたなまなざし

ところが最近、このような山に対する、さらにあらたな宗教的心性が生まれてきている。山岳ミステリーという文学の一分野があるのをご存じだろうか。オカルトや心霊現象として語られるものはとりあえずおくとしても、安曇潤平《あずみじゅんぺい》氏の『山の霊異記』シリーズのように、それなりに文学的な方法を踏まえた創作には少しく目を留めてみたい。安曇氏は、山里に暮らし山仕事に従事してきたひとびとからの地道な聞き取りも素材にしており、この点では現代の『遠野物語《とおのものがたり》』とでも言うべきであろう。それでいて、民俗調査とも一味違った独特の雰囲気を醸し出す作品群として、筆者は山岳ミステリーに注目している。

二〇一五年に出版された田中康弘《たなかやすひろ》氏の『山怪《さんかい》』は、なかなか好評だったと見えて版を重ね、二〇一八年には三冊目の続編が出版された。また、工藤隆雄《くどうたかお》氏の『マタギ奇談』などもそのジャンルの代表作の一つであろう。その工藤氏の別の作品『新編　山のミステリー』の副題は、「異界としての山」である。ここに語られるのは、世俗的な消費社会にひとびとが酔いしれていた高度経済成長期に確立した、さわやかでロマンチックな雰囲気とは打って変わって、まったく非合理で割り切れない山の世界である。さながらバブル経済崩壊後の現代社会にぽっかりと口を開けた、真っ暗なトンネルのように、ここに語られる異界は先が見えない。二一世紀もそろそろ二〇年目に入り、半世紀を経て二度目の東京オリンピックを迎えようとするこの時期に至って、このようにひとびとが山の異界性にあらたな形で注目し始めている。

山とひとの宗教誌

現代人にとっての「山」とは何なのか。かつての山は宗教性に満ちており、いままた、山の異界性がふたたび宗教的な心性をともなって語られようとしている。本書ではこのような心性に素直に向き合いつつも、しかし安易に答えを急ぐことはしたくない。まずは読者とともに迂回路を楽しむような気持ちで、いったん原始の山林信仰にまで視野を広げ、古代から中世にかけて展開した山の宗教の歴史をたどってみたい。そして近世社会を経て、いつかは現代の山へと通じてゆくであろう道々をゆっくりと歩いてみよう。

その過程で、本書では頂上へとはやる気持ちをいったん押さえて、山の宗教をあくまで裾野に広がるひとびとの生活とのかかわりの中で考えてゆく。だから、『新編　山のミステリー』の帯に記されたように、「山とは即ち異界なり」と捉えてしまうことにも必ずしも全面的には同調しない。山はひとの世界とはまったく異質な場であるということになると、お互いがどのように影響し合い、最後にどのような形で一つに結び合わされてゆくのかを見るのが難しくなってしまうからである。

そのようなことも考え合わせながら、本書では「山岳宗教」ということばもあえて避けることにする。山岳というと、どうしても一般社会から隔絶した異界としての高山をイメージし、世俗との交わりを断った孤独な修行者が断崖絶壁を命がけで這い登るような、特殊な苦行ばかりをクローズアップしてしまうと思うからである。「山岳寺院」ということばも同様であろう。山とひとの境界領域に山の宗教の実態を見ようとする本書では、基本的に山林修行・山林寺院という表現を用いてゆきたい。

深山幽谷《しんざんゆうこく》をさまようと思われがちな山伏たちも、じつはいつでも里の生活を実際に、あるいは心の中で遠望しながら山林に入り、修行に励んでいた。宗教者としての彼らの視野には、つねにどこかに救済すべきひとびとの営みが捉えられ、意識されていなければならない。だから彼らにとってもっとも大切な宗教活動は、境界領域を足場に山とひととを結びつけることだったのである。

この領域は、中世には「里山《さとやま》」と呼ばれることが一般的となってゆく。ここには江戸時代から近代にいたるまで、山とひとの織りなすもっとも細やかな宗教誌が展開していった。このように、里山を取り込んだ世俗社会が歴史の中で変化すれば、それに連動して山の宗教の内実も当然変化してゆく。したがって、そこに超越的な不変性を求めることにはがんらい無理があるのだ。山の宗教をある時代や場のイメージに固定したり、日本文化の基層と決めつけたりせず、歴史的に変化し、また地理的に複雑な広がりを持った動態として考えることが、本書で重視していきたいもう一つの視点である。

かつて山の宗教を論じるときには、古代の山林修行の持つイメージを固定し、そのまま超歴史的に現代まで敷衍《ふえん》しようとするものがまま見られた。また、俗人を容易に寄せ付けないような高山を中心とした霊山が取り上げられることが多く、個別の事例研究や小さな地域モデルを論じることに終始してしまう場合もあった。さらに、個別の事例を寄せ集めて、日本の山の宗教の歴史を総合的に論じることに代えている場合もある。

そこで本書では、個別の霊山について詳しく取り上げることはせず、古代における大陸からの宗教的影響、分権的な中世社会が統一権力の形成へと向かう過程、そして近世幕藩制社会の成立から宗教社会の近代化といった、日本列島全体を覆う大きな社会的変動とのかかわりを踏まえながら、山の宗教の輪郭を描くことを目指したい。いわば、「山とひとの宗教誌」といったところである。本書に許された紙幅を顧みれば、広げた風呂敷が少々大きすぎるかもしれない。だが、どうせならちっぽけな日本人論としての「日本人と山の宗教」論など、軽々とまたぎ越すような大股の一歩を踏み出してみたいと思うのだ。

目次

※各章扉のタイトル下のネームは、当章で取り上げるおもな山と山林寺院（神社も含む）。登場順。
（　）内は所在府県。二度目以降は山名・寺院名のみ。

第一章　山の宗教の原像

富士山（静岡）／三輪山・大神寺（奈良）／葛城山（奈良）／吉野山・比蘇寺（現光寺）（奈良）／春日山・聖人窟（奈良）

黒駒に乗り富士山に至る聖徳太子（富士山の右横）
『聖徳太子絵伝』（平安時代）

1　古代人と山──山に入るということ

頂上に興味がない古代人

はじめて富士山に登った人は誰か、ご存じだろうか。そんなこと、調べられるのか？ と思ったら、『富士登山列伝』という便利な本を見つけた。この本の第一章は、「富士登山のレジェンド」に捧げられているが、果してその人物とは、聖徳太子《しょうとくたいし》である。ただし、彼を「登山」のレジェンドとしてもよいのかどうか……。というのは、彼は富士山の頂に登ったのではなく、跳び上がったのである（『聖徳太子伝暦』、一〇世紀初成立）。

あるとき諸国から貢納された馬の中に「甲斐《かい》の黒駒」があり、これに乗ったところ太子は空へ浮かび上がって、大和《やまと》の斑鳩《いかるが》の里から東方へと飛び去ってしまったという。三日後に帰った太子は、まず富士山頂に行って浅間大菩薩《せんげんだいぼさつ》にまみえ、それから越中《えっちゅう》立山や加賀《かが》白《はく》山《さん》を巡拝してきたと語った。甲斐（山梨県）からたてまつられた黒駒は、故郷の名山を太子にお見せしたいと思ったのだろうか。それはともかく、この説話からは、平安時代中ごろの日本を代表する名山が、富士山・立山・白山などであったことがうかがえる。ただし、「日本一の山」を開いた艱難辛苦《かんなんしんく》の物語を期待していたむきには、跳び上がったというのは、いささか鼻をつままれたような話であるかもしれない。

気を取り直して次のレジェンドを見てみると、それは役小角《えんのおづぬ》（役行者《えんのぎょうじゃ》）であった。役行者は修験道《しゅげんどう》の祖とも仰がれ、長きにわたって山の宗教と関わる多くの物語が編まれてきた。ここでは彼に関する古い時代の伝記・説話を見ながら、その原型を考えてみよう。まず『続日本紀《しょくにほんぎ》』には、彼が讒言《ざんげん》によって伊豆《いず》国に配流されたことが見える（文武天皇三〈六九九〉年五月二四日条）。ただしその内容をみると、①もと大和葛城《かつらぎ》山を住所としていた、③韓国連広足《からくにのむらじひろたり》を弟子としていた、③鬼神《きじん》を使役し、命令に従わなければ呪縛した、という三つの事柄が簡略に記されているに過ぎず、富士山に登ったことまでは見えない。

黒駒に乗り富士山に至る聖徳太子（部分）

これが九世紀前半成立の『日本霊異記《にほんりょういき》』（上巻二八）になると、内容的にはかなり膨らまされている。この間に、山の宗教に関する大きな変化が起こり、ひとびとのイメージ世界も急に豊かになったのであろう。役行者の富士登山のことも、『日本霊異記』にはじめて見える。ただしここでも、伊豆の島に流された役行者は、夜は富士山に跳び上がって修行したという。ようやく登山の苦労話が聞けるかと思いきや、こちらも跳び上がっていた。

古代の日本人は、本気で山に登る気があったのだろうか。空を飛んで、あっという間に頂上に至る、それは聖徳太子や役行者のような伝説の超人でなければなしえないことである。つまり古代人にとって、頂上の世界はわれわれの生活世界とは遠く離れた場所なのであった。ただしこれは、柳田國男《やなぎたくにお》以来説かれてきた「山中他界《さんちゅうたかい》」とは異質なものと筆者は考えている。柳田は、山中に先祖のたましいが集い、そこからわれわれを見守ると説く。つまり柳田にとって、山中の世界はひとの生活世界のすぐそばに隣接していなければならなかった。このような感覚で山の世界を捉えることには、筆者もやぶさかではない。しかし、そうなるまでには長い歴史を踏まえて論じるべきことがあまりに多くある。とにかくここでは、山の世界が古代のひとびとのイメージの中でひとの領域とは隔絶した場所であったことを、まず押さえておこう。富士山に限らず、実際に頂上に登るということ自体、古代のひとびとにとっては必ずしも普通のことではなかった。つまり、山道を一歩ずつ踏みしめて登る人もめったにいなければ、登山道も当然開かれていなかったのである。

山はどう見えていたか

富士山をはじめとして各地の霊山にいたるまで、山上には古代の祭祀遺跡が確認されてきた。このことは、ひとびとがたしかに頂上に登っていたことの証《あか》しである。そこからわれわれは、原始時代からひとびとが山頂を聖地と崇めて、さかんに祭祀を行っていたかのように簡単に考えてしまいがちである。しかし、じつは山上の祭祀遺跡は決して豊富というほどではない。そのあたりを、佐々木中《ささきあたる》の小説『神奈備《かんなび》』の次の一節は、なかなか鋭く描いている。

じょうもん？　縄文はかんけいないよお。二言目えには縄文じょうもんゆうて澄ましてるひと、学者にも藝術家あさんにもようけおるけども、それは眉唾もんやなあ。縄文なんて、いまのうちらと関係あれへんで。縄文時代にここにひとがすんでおってても、断絶はかならずあんねんて。（中略）考古学的にゆうても、せやなあ、四世紀後半から五世紀はじめくらいまでしか、さかのぼれへん。禁足地《きんそくち》から発掘されたものを測定しても、やで。これはあんがい、あたらしねん。

主人公の美由は、巫女《みこ》のような不思議な能力を持っている。その彼女は、美しく裾野を引く山体そのものが神と崇められてきた〈カンナビ山〉として有名な、大和盆地（奈良県）の三輪山《みわやま》の祭祀を、じつはとうてい原始まで遡りえないものと断じている。彼女の言うことは本当だろうか。じつは考古学的調査によれば、三輪山には古墳時代ぐらいから後には祭祀の跡が認められるようになる。頂上付近の祭祀も、四世紀後半くらいから始まるという。ところがそれから一〇〇年くらいすると、祭祀はむしろ西麓のほうに降ってさかんに行われるようになった。以後、現在にいたるまで、三輪山の祭祀の中心はじつは裾野にある。もっとも神聖な場所とされている三輪山の「禁足地」もまた、山頂付近ではなく裾野に位置しているのである。この三輪山の事例ひとつを取ってみても、祭祀の中心、つまりひとびとの聖地観は時代とともに変わっていることが分かる。少くとも古代において、山の宗教の中心は決して頂上にあったとは言えない。

このように、縄文時代から続く山の宗教という固定的イメージが、いかに超歴史的な想像に過ぎないかがお分かりいただけるだろう。千古より不入《ふにゅう》の聖地であるかのように言われてきた三輪山の禁足地でさえ、ここが禁足となったのはせいぜい江戸時代以降であることが、最近の研究で明らかになってきた。しかもかつて近隣のひとびとは、このエリアに立ち入って樹木の伐採さえ行っていたという。山は〈聖地〉だから侵してはならないのではなく、むしろ〈聖地〉だからこそ、薪《まき》を採り炭を焼くことを通じて山林を整備し、保護を加えていたとも考えられるのである。〈聖なるもの〉の実態は、このように歴史とともに変わってゆく。

裾野への注目

山をめぐる古代のひとびとの聖地観とは、どのようなものだったのだろうか。言い換えれば、古代人はどのように山を眺めていたのだろうか。三輪山の場合、彼らは必ずしも頂上を祭祀の中心に位置づけていたわけではなく、むしろ裾野のほうが重要な祭祀の場であった。この裾野にこそ、山の宗教を探る上でのヒントが隠れている。さきほど、大和三輪山は〈カンナビ山〉であると述べた。この「カンナビ」とはどういう意味だろうか。従来〈カンナビ山〉とは、三輪山のように美しい山容全体に特有の美称と理解されてきた。ところが『万葉集《まんようしゅう》』を中心にこのことばを詳しく分析した上野誠氏によれば、それは神のいますところ、聖所一般を表すという。じつは川や森にも「カンナビ」があるということであり、じゃっかんの訂正が必要

カンナビとして知られた三輪山

だ。
さらに上野氏が『万葉集』から挙げた、カンナビ山を詠んだ歌を通覧してみると、万葉びとがとくに、山のどのあたりを聖所と考えていたのかが見えてくる。たとえば、次の一首はどうだろうか。

旅にして　妻恋すらし　霍公鳥《ほととぎす》　カムナビ山に　小夜更けて鳴く（巻一〇―一九三八）

渡り鳥の「霍公鳥」は夏が近づくと日本列島に飛んできて、繁殖のためにウグイスの巣に卵を生んでひなを育てさせる（托卵《たくらん》）。したがって、その生息域はウグイスと同じく、林の周辺の藪や草原などである。〈カムナビ山〉とは言っても、この歌の舞台はじつは裾野であった。さらにほかのカンナビ山の歌にも目を転じてみると、ホトトギスに加えて、「玉葛《たまかずら》」（つる草の美称）や「秋萩《あきはぎ》」を詠み込んだものにも目が留まる。萩は女郎花《おみなえし》などとともに、『万葉集』に詠まれた「秋の七草」として有名だ。ところが中尾佐助氏によれば、これら万葉の世界を彩る草花の多くは、じつは奈良の都を造成したことにともない、奈良盆地の山裾に広がる伐採林の跡によく見られるようになった品種だという。ここからもまた、万葉びとが「カンナビ」と感じた場は山頂ではなく、山裾であったことが分かる。

しかもホトトギスは、さきの歌でも小夜《さよ》更けて鳴いたとされているように、和歌の世界ではたいてい夜鳴く鳥である（実際には昼間も鳴いているらしい）。じつは〈カンナビ山〉の山体が見えるはずのない深夜に妻を恋して鳴くホトトギスの声を、ひときわ研ぎ澄まされた聴覚によって捉えたところに、この歌の魅力がある。つまり、ここに詠まれる〈カムナビ山〉は、イメージ世界の中にぼんやりと浮かんでいるに過ぎず、しかもその聖なる姿は裾野においてこそ像を結んでいる。ここからも、古代人が現代のわれわれと同じく、山頂を注視しながら三輪山を仰ぎ崇めていたのだなどと安易にイメージすることはもはやできない。

タケとネ

ここまで三輪山に導かれながら、山の聖所である「カンナビ」のありかを探ってきた。そこに見えてきたのは、裾野の世界の重要性である。そこで、古代のひとびとの山に対するイメージを、裾野をポイントにさらに具体化してみよう。まず、山を表す和語（やまとことば）をいくつか取り上げてみる。「タケ」（嶽・岳）は「高く大きな山」で、「たかし（高）」「たく（長）」ということばにも通じる。山とはやはり、まずは高いことにその本質を求めるべきなのだろう。

ところが「タケ」には、もう少し複雑な側面もある。方言などを集めてみると、小丘であっても、奇岩・巨岩が露わになっていたり、土砂が崩れて斜面が大きくむき出しになっていることにより雄大な景観を示す山は、「タケ」と称される（『日本国語大辞典』小学館）。つまりその〈たけだけしい〉姿によって、ひとびとから信仰を集めるような山こそが「タケ」と呼ばれるのであり、必ずしも高いということが絶対条件ではない。沖縄の聖地と崇められるウタキ（御嶽）、たとえばその代表格であるセーファウタキ（斎場御嶽）は、丘の上に露わとなった岩塊の裂け目がひときわ奇観を呈している。さらにこの地は、琉球誕生神話の地である久高島《くだかじま》を望む遥拝所でもあり、琉球王朝によって最高の聖地として保護されてきた。しかし、特別に高い山というわけではない。

山を表す和語にはもうひとつ、「ネ」がある。筑波嶺《つくばね》、大峰、富士の高嶺……ネ・ミネ・タカネ、さらにオネ（尾根）など、山を表す和語に共通する「ネ」は、「高い」とは正反対の意味の「根」がその共通の語源であろう。漢字で表すと、「峰」（上にとがった頂上）、「嶺」（横に広い頂上）などと山は頂上の形によって書き分けられる。ところが、これらの漢字が日本に入ってくると、すべて「ネ」に通じる訓が当てられた。これは、古代の日本に山の頂上を表現する語彙《ごい》が乏しかったことを意味する。

ここからも、古い時代においてひとびとの関心が頂上に薄かったことが分かる。頂上を特殊な場所と見るよりは、むしろどっしりと安定した裾野＝ネの美しさや猛々しい奇岩の形にこそ、古代人にとっての山の聖性の根源が宿っていたのである。和歌において山の枕詞が「アシビキ」、つまり裾を長く引いているという意味であることを、多くの読者は中高生のころ、古文の授業で習ったであろう。まさに裾野こそ、人と山の境界に位置する領域にあって、もっとも山の聖性を認識し、顕現させる場であった。

冥なる山

古代のひとびとにも、山は生活圏の遠方に「見えて」いた。しかしこのことと、ひとびとが山をどのように「見て」いたかはまた別問題である。実際のところ、ひとの日常的な生活世界の中に山はどれだけ意識的に取り込まれていたのだろうか。ひとが山に関わるきっかけは、信仰とは限らない。いや、むしろ、薪を採集したり、炭や材木を生産するとき、また狩猟や食用植物を採集するような生業こそ、ひとが山に接するもっとも日常的な機会だったのではないだろうか。その場としては山の裾野こそふさわしく、頂上はむしろひとの生活世界からもっとも遠いところにあった。本章の最初に見た、聖徳太子や役行者の登頂の説話が飛躍のイメージで語られるのも、ここに原因がある。山は、人が日常的に意識している生活世界の縁辺にある無意識の領域、いわば冥々《めいめい》たる世界である。

それでは、冥なる山の世界が意識に上るのは、どのようなときだろうか。まず火山活動や土砂崩れなど、生活世界に影響を及ぼすほどの大きな自然災害が山に発生したときが挙げられる。しかし、これはむしろ例外的なケースであり、日常的には生業や生産活動のために山に入るときこそが、ひとびとが山を意識する一般的な機会であった。ここにも、古代のひとびとが頂上を目指すことがまれであった一つの理由がある。なぜなら、山の高所よりはむしろ裾野にこそ豊かな山林が形成され、狩猟採集にも、木材や燃料の生産にも適していたからである。

ところが、たとえ裾野であっても、山には日常の生活圏とはまったく異なる自然の秩序やシステムがあった。これが侵されれば、当然ひととの間に摩擦や矛盾が生まれてくる。古代人にとって、これを科学的・合理的に理解し避けることなどおよそ不可能であった。もちろん、どのような方法によって秩序を回復することができるのかも、まったく見当がつかない。この不可解で特別な体験こそが、山におけるもっとも原初的な宗教や祭祀を生み出したことだろう。これが、筆者の考える山の宗教の発生モデルである。裾野こそ、発生段階から山の宗教にとって、もっとも重要な場であった。

ただしこの段階では、祭祀と言っても山の秩序を積極的にコントロールするには程遠く、ひとはひたすら山を畏怖しながら、秩序の回復を待つことしかできなかった。生活上の必要から、ひとは繰り返し山に推《お》し入らざるを得なかったが、そうでない限りは、経験的になるべく入山を忌避したはずである。ましてや、頂上を目指して登山するなどとは、思いもよらないことであっただろう。

ところが、このような山とひととの原初の宗教的な関係は、列島社会が文明化するとともに大きく変容してゆく。文明化とは、いっぽうでは集落が発展し、都市や耕地の開発がさかんになることによって、ひとの生活圏が拡大することである。すると当然、ひとの生活世界と山の領域は近接し、摩擦や矛盾も頻発するようになっただろう。同時に他方では、漢字とともにさまざまな文化も日本に伝わった。その代表が仏教である。ところが、山の宗教に対する仏教の役割は、ともすれば過小評価されてきたと筆者は感じている。

従来、仏教が伝来する以前の原始時代に、すでに山の宗教の本質が形成されており、それらは仏教の影響を受けながらも基層としてはほとんど変わらずにいまに至るとする、いわゆる「基層信仰論」が繰り返し強調されてきた。その一つのバリエーションとして、ときに吹聴されてきたのが、日本文化縄文起源説である。この種の日本論・日本人論の根は意外に深く、おそらく仏教に批判的な近世の国学にまで遡ることだろう。

これに対して、さきほど小説『神奈備』にかけて説明したように、山の祭祀の多くは原始時代まではとうてい遡ることはできず、また歴史的に大きく変化してゆく。これが、基層信仰論のような言説に対して、本書全体を通じて提起していきたい筆者の基本的な考え方である。もはや、原始への安易な憧憬を繰り返すことをいったん止めて、日本列島に仏教が伝わったという歴史的事実をもう一度正面から受け止めてみよう。山の宗教の歴史的展開に果たした仏教の役割を過不足なく捉えなおすことによって、現在まで長く結ばれてきた山とひととの関係史を再発見してみたい。

2　山の世界をコントロールする――仏教の伝来

孔雀王の呪法

前節では、山の宗教のポイントを裾野に置くことを提起しながら、原初的な発生モデルを示してみた。この段階ではいまだ、ひとびとはその力によって山の秩序をコントロールすることまではできない。ところが、山とひとのかかわりを格段に前に進めるにあたって、仏教の果たした役割は大きかった。ここでふたたび取り上げてみたいのが、役行者である。

さきにも触れた『日本霊異記』の役行者説話の標題は、「孔雀王《くじゃくおう》の呪法を修持し、異《け》しき験力《げんりき》を得て、現に仙と作《な》りて天に飛ぶ縁」となっている。つまり、『続日本紀』の段階では「呪術」とだけ記されていたものが、この段階ではその呪術とは密教経典に説かれる「孔雀王の呪法」であるという情報が示され、これによって験力を表したことになっている。〈仏教化〉といっても、孔雀王呪はもともとインドの民俗宗教から取り入れられたものである。仏教というと、近代には生死の輪廻《りんね》からの解脱を根本とする悟りすました哲学のように考えられがちだが、この際、各地のさまざまな土着の習俗を吸収しながら日本にもたらされた巨大な複合文化であると読者には考えてもらいたい。その中には当然、哲学思想だけではなく、文学や芸術から諸種の技術までもが含まれていた。以下、孔雀王呪を例として、日本の山の宗教に仏教が与えた影響の一端を見ていきたい。

まず、孔雀は毒蛇を啄《ついば》むことから、孔雀王呪によってその毒を制し、寿命を延ばす息災延命の功徳《くどく》が説かれた。また、アジアにおいて蛇は広く水の神と結びつけられたが、その蛇を脅して雨をコントロールするためにも、孔雀王呪が用いられる。さらに孔雀も鳥であってみれば、当然空を飛ぶという能力も期待された。従来役行者については、仏教と並んで大陸から列島にもたらされた神仙思想（道教）とも関連づけて、この「飛ぶ」という能力がとくに注目されてきた。たしかに『霊異記』の中で、前節にも述べたように島に流された行者は毎夜富士山に飛んでいったというし、最後は朝鮮半島にまで飛び去ったとも説

役行者に従う山の鬼神（前鬼・後鬼）
金峰山寺

かれている。しかし山の宗教との関係で考えてみると、役行者説話における孔雀王呪の本質はもう少し別のところにあるのではないか。

仏典に説かれる孔雀明王の説話によれば、のちには女性的に表現されることの多い孔雀明王はがんらい男性で（美しく羽を広げるのもじつはオス）、ヒマラヤ山中に住む山の王者であったという（野口圭也氏のご教示による）。この明王は、孔雀王呪によって山の「鬼神」、つまり人を超えるさまざまな能力を持つと考えられた山の生き物や自然現象をコントロールしていた。毒蛇などは、おそらくその代表的な存在だったただろう。当然この呪法は、自然と対峙《たいじ》していた山林修行者らによって仏教に取り入れられ、実践的に役立てられた。修行者がしばしば杖の先に金属製の輪をつけて振り鳴らす「錫杖《しゃくじょう》」は、先端が尖っていることからも分かるように、本来は護身用の武器であった。そのきっ先は人間だけでなく毒蛇にも向けられ、振り鳴らしてそれらを遠ざける効果もあったという。孔雀王呪は、まさにこのような機能を持ったツールのひとつであった。ここにこそ、山の宗教におけるこの呪法の本質があるだろう。仏教とともにもたらされた新奇な呪法は、ほかにもいろいろとあった。だが、山林修行者たる役行者にとっては、やはり孔雀王の呪法でなければならなかった、と『霊異記』成立当時のひとびとは考えたのである。

それまでは、ひとの侵入によって山の秩序やシステムとの間に軋轢《あつれき》や矛盾が生じれば、ひとは祭祀によって、秩序の回復を受け身に待つしかなかった。ところが、孔雀王呪が技術的側面を強く持つ仏教知識の一つとして伝来すると、あらたにこれを駆使することにより、ひとの側から山の秩序を能動的にコントロールすることができるようになったのである。山林修行者の元祖たる位置に立つ八世紀の役行者は、仏教とともにこのころ一段階先に進んだ多くの山林修行者のイメージを一身に集め、あらたな能力を身に付けた存在となっていった。

それにしても、山の神々をそれほどまでに怖がらせ、支配に服させることができたのはどうしてだろうか。孔雀王呪は、がんらい孔雀の威力を取り入れた呪法であることはすでに述べた。しかし、これが仏教に取り入れられ、列島を文明化したという側面から、もう少しこの点を考えてみよう。役行者が修行に励んだ葛城山の神、ヒトコトヌシ（一言主）は本来、ひとびとにとって得体の知れない山の世界の支配者であった。『古事記《こじき》』にはこの神が、雄略《ゆうりゃく》天皇一行に遭遇して天皇に奇異の思いをなさしめたあげく、「善事も一言、悪事も一言、言い放つ神である」と述べて恐懼《きょうく》させたという物語を載せている。これもまた、測り知れない山の働きに対する、古代のひとびとの原初の宗教的心性を伝える説話のひとつである。ところが、孔雀王呪にはその正体を見破る力もあった。どのようにして？　名づけるのである。

吉田一彦氏は、この呪法の説かれる孔雀系経典の中に、おびただしい数の「鬼神」すなわち山の神々の名前が羅列されることに注目している。いっけん無意味にも見えるこの冗長な羅列には、しかしいっぽうで、目の前にどんな得体の知れない神が現れても、なんとかこの中からその名を見つけ出して、名づけてしまうという力が込められていた。名づけることによって、それまで得体の知れなかった存在はすべて、孔雀系経典を通じて仏教という文明の体系に包み込まれ、分類され、そして位置づけられてしまう。そうなるともはや「鬼神」たちに残された道は、仏典の説くところに従い仏教を守護する「善神」となるしかなかった。これこそすなわち、「正体を見破る」ことに他ならない。「ヒトコトヌシとは、すなわち経典に説かれるところの何某の鬼神であろう！」と役行者に名づけられてしまった時点で、この神の威力も活動も、すべて孔雀王の呪法に縛られてしまうのであった。

縛られる神からの離脱

いままで得体の知れぬ神として霊威を振るい、葛城山を支配していたヒトコトヌシも、孔雀王の呪法によってあっさりその正体を見破られ、「鬼神」の地位に収め取られたあげく、役行者に使役されてしまったというのは、ちょっとかわいそうな気がしないでもない。もっとも、さきに触れた『古事記』より遅れて成立した『日本書紀』の説話では、雄略天皇と出会ったヒトコトヌシは天皇を畏れさせるどころか、いっしょに狩りを楽しんだことになっており、明らかに天皇に対する神としての権威が低下している。文明化の過程で日本に創り出された天皇という新たな権威は、新来の仏教の力と相まって、原始の神々の霊威を相対化させていった。さらにのちの説話になると、讒訴《ざんそ》の報復として役行者に呪縛されたヒトコトヌシは、ついには黒蛇となって葛城の谷に捨てられるところまで落ちぶれてしまう。こうして葛城山に限らず、おそらく全国の山々に、孔雀王呪に代表されるあらたな仏教知識をひっさげた山林修行者らが推《お》し入るようになった。

しかしながら山の神々も、なかなかしたたかである。今度はみずから積極的に、仏教に接近するようになった。神々はつぎつぎに仏教に帰依し、「鬼神」から「善神」、つまり守護神となってゆく。さらに進んで、神の身を脱し菩薩となりたいとさえ語るようになる。これが、一般に神仏習合の最初の段階を画する神身離脱説と言われるものである。

仏教の側もその願いに応えて、神々のために仏事を行うようになった。最初に取り上げた三輪山の神も、記紀神話には蛇の化身として登場する。この神がヒトコトヌシのように孔雀王呪に縛られたという説話は伝えられていないが、やはり早晩仏教に帰依する運命にあったのだろう。八世紀のなかばごろ、その裾野にはすでに「大神寺《おおみわでら》」という仏教寺院が建立されている。ここでは、天武《てんむ》天皇の皇孫である沙門浄三《しゃもんじょうさん》が『六門陀羅尼経《ろくもんだらにきょう》』という経典の講義を行った（『延暦僧録』）。

陀羅尼とは仏教経典に説かれる呪文のことで、孔雀王呪もその一つである。その意味では、『六門陀羅尼経』の講義も山林寺院にふさわしい。ただし、この陀羅尼には体系的な注釈書があり、山林に分け入る際の単なるツールの一つとして説かれたわけではなかったかもしれない。ここには、山の宗教が仏教によって短い間に急激に文明化され、より高度な文化的体系の中で陀羅尼や呪法を単に技術としてではなく、理論的にも理解する段階に進もうとしていたことがうかがわれる。

山林寺院の原型

このときいっぽうで、浄三は奈良の都の東大寺において「十二分教義」を立てた。これは仏典の叙述形式を、一二のカテゴリーに分類して説いたことを意味する。つまり奈良時代後期になると、山の裾野に位置する大神寺では山林修行に必要な陀羅尼が実践的に、都において学問の拠点となっていた東大寺では仏教叙述の体系が教学的に、それぞれ同一の僧によって講じられていたのである。このように、古代仏教は山林寺院と平地寺院の密接な関わりの中で展開していった。このことは、古代の山林寺院の発掘による考古学的成果も踏まえて、最近多くの研究者が指摘するとおりである。山林寺院にばかり注目していては、山の宗教の実態はじゅうぶんには見えてこない。

大神寺のように、神々のために仏事を行うべくそれまでの聖地に隣接して建てられた寺院を、一般に「神宮寺《じんぐうじ》」と呼ぶ。ここで神々は、みずからを祀ってきた氏人集団とともに、仏教による救済を願ったのである。それでは具体的に、ひとびとはここで何を行っていたのであろうか。そのヒントは、当時神宮寺に祀られた本尊の多くが薬師如来や十一面観音だったことにある。これらの仏菩薩は、修行者がみずからの宗教的な罪を懺悔する「悔過《けか》」の本尊としてとくに重視されていた。神々は氏人集団とともに、薬師や観音にみずからの罪を悔いるようになっていたのである。

しかし、彼らがいったい悔いるべきどんな罪を犯したというのだろう。仏教の浸透とともに与えられた飛躍的に高度な宗教規範のもとで、彼らはあらたに体系化された宗教上の罪というものを教え込まれることになった。中でもとくに深刻だったのは、「殺生《せっしょう》」の罪だったのではないだろうか。代表的な山の生業・生産活動が狩猟採集であってみれば、生き物を殺すことが罪に当たるとする観念は、それまでの彼らの日常生活に深刻な影響を与えただろう。

このような仏教の規範とは、つまり戒律に他ならない。日本の山の宗教が、仏教によってあらたな山林修行のスタイルを獲得するにあたり、戒律の果たした役割はきわめて大きい。戒律は単に逐条的な規範を集積した体系ではなく、実際には苦行一般を広く意味することもあった。のちには、山林修行そのものを指す場合もある。仏教との関係から山の宗教を考えてゆくうえで、戒律の問題を避けて通ることはできない。仏教の戒律というと、修行者が守らなければならない細部にわたる堅苦しい禁止事項の体系のようにイメージして、うんざりしてしまう読者もいるかもしれない。しかし、戒律が持つのはそのような側面だけではない。むしろぎゃくに、大乗仏教では戒律を修行者の側の〈誓い〉として再定義し、なるべく大づかみにその大綱を示していこうとする。本書でも、以下戒律のこのような側面に光を当て、山の宗教との関係を見てゆこう。

山林修行と戒律

戒律は、破ることを前提に構築されている。ひとは、しょせん理想的な規範を守りきることのできない弱い存在である。けれども、それでも守り続けようと努力することによって、修行者個人の生活にも、彼の所属する集団にも秩序が生じる。こうして修行の環境が整い、さとりへの道筋が開かれるのである。仏教においては戒律を破ったとしても、そのことを仲間に告白し、悔いることによって罪は許された。このように、破戒の罪を告白懺悔するため半月に一回行われる儀式を「布薩《ふさつ》」という。山林寺院においても、悔過の儀礼がさかんであった。これを理論面で支えていた代表的な経典が、『梵網経《ぼんもうきよう》』である。

これには、一〇項目の重大な戒律（十重戒）と、四八項目のより軽い細目（四十八軽戒）が説かれる。これらを子細に見てゆくと、本来は教団を追放されるほどの大罪でも、『梵網経』では懺悔の方法を具体的に定め、これを許す方向であらたな戒律が考えられている。たとえ十重戒に違反したとしても、仏菩薩像の前で懺悔礼拝することにより許されると説くのである。四十八軽戒にいたっては、一人の前で懺悔すれば罪が消えるというより簡略な作法が説かれている。

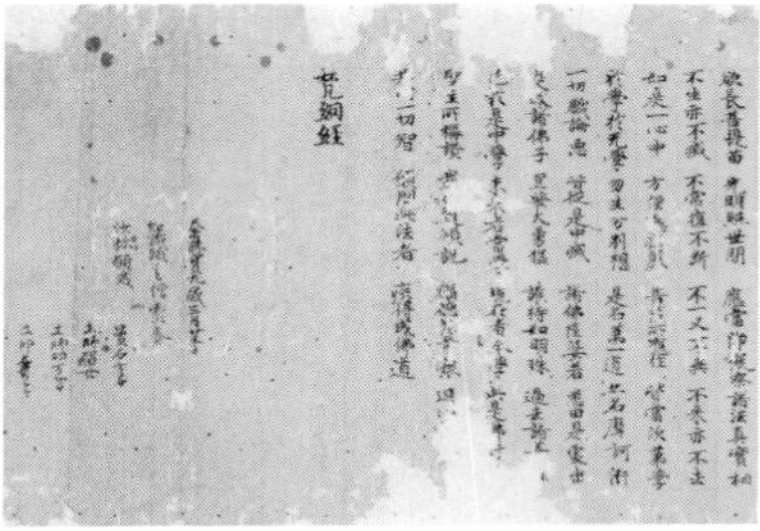
奈良時代に書写された『梵網経』（霊春願経）

狩猟の場であったという意味で、殺生と隣り合わせの世界でもある山の裾野に展開した宗教の実態を踏まえて考えるとき、このようにより簡略で実践しやすい『梵網経』の規定はきわめて都合がいい。神宮寺としては早い例に属する大神寺の本尊もまた、十一面観音であった。おそらくここでも、さきに見たような浄三の講経に加えて、悔過の儀礼がさかんに行われたことであろう。

ちなみにこの仏像は奈良時代後期の傑作で、長く大神寺（大御輪寺）の本尊として祀られてきたが、明治の廃仏毀釈《はいぶつきしやく》のとき近くの聖林寺《しようりんじ》に遷座した。のちにフェノロサに見いだされ、国宝に指定されたとびきりの銘品である。大神寺をはじめとして、初期の神宮寺の多くは山林寺院の性格を持っていた。そこに集う修行者らは、山の神々を単にコントロールしようとする段階から、さらに進んで仏法の威力により神身離脱を助ける役割をも担うようになる。仏教は在来の神祇信仰に表層的に付加されたに過ぎないなどと言うことは、もはやできないであろう。遅くとも八世紀の段階で、山の宗教は仏教の影響下で本質的な変容を遂げたのである。

3　山の宗教集団と渡来僧の役割

山林寺院と中国仏教

前節で見たように、古代の山の宗教を考える上で仏教の戒律が果たした役割は決定的に重要であった。その戒律を、奈良時代に中国から渡来した鑑真《がんじん》が日本に本格的に伝えたことはよく知られている。彼とともに日本に渡ってきた中国僧のひとりに、思託《したく》がいる。その思託の編纂した僧伝『延暦僧録』の中に見えている記録のひとつが、さきにも触れた大神寺における浄三の講経であった。思託が浄三をこの僧伝に加えたのは、単に浄三が皇孫であったからではなく、その活動場所が山林寺院であったことにも関係していると筆者は見ている。というのは、大神寺と同じころに成立した八世紀の山林寺院には、中国から渡ってきた僧侶の顕著な活動がしばしば見られるからである。彼ら奈良時代の渡来僧こそ、仏教を通じて大陸の山林修行を紹介し、列島の山々に定着させるのに大きな役割を果たしたひとびとだった。つまり、山の宗教は日本固有では決してなく、中国からもたらされた山林修行の強い影響も受けて成立した、じつにハイブリッドな性格を強く持っていたのである。以下にこの点を明らかにするため、吉野《よしの》山とそこで活動した道璿《どうせん》という唐僧の活動を取り上げてみよう。

吉野は、奈良盆地の南辺に位置する。歌にも詠まれた飛鳥《あすか》近郊の美しい景勝地であったが、ときには政争の当事者が逃げ込むような場所ともなった。やがて都の平城《へいじょうきょう》京への北遷によって、政治・文化の中心とは地理的な距離を置くことになる。いっぽう吉野の背後には、はるか紀伊《きい》（和歌山県）の熊野《くまの》にまで続く大峰《おおみね》山地が連なる。しかし、八世紀には大峰はいまだ十分に修行者らの視野には入っておらず、漠然と「カネノミタケ」（金嶽）と認識されているに過ぎない。これがのちに「金峰山」（キンプセン）と呼ばれるようになるが、じつはそういう名前のピークはない。

もう少し時代が下って山々の深部にまで関心が寄せられるようになると、山上ヶ岳《さんじょう》が大峰山地の一つの核と見做されるようになる。だが、金峰山とはがんらい大峰山地一帯を漠然と指す呼称に過ぎなかったのである。全国に無数にあるピークが明確に認識され、固有の名前を持つのははるかに下って近代の話であった。「日本百名山」でさえ、その多くが明治以前には無名であったり、複合的な山地の総称であったことは、深田久弥が詳しく紹介するとおりである。吉野は、奈良時代にはいまだそのような未開の山塊の一つに広がる裾野に位置していた。

この吉野に現光寺《げんこうじ》あるいは比蘇寺《ひそでら》と呼ばれる山林寺院を開いたのは、神叡《しんえい》・道璿ら渡来僧の集団であった。道璿は、鑑真に先駆けて来日した。奈良では大安寺《だいあんじ》に住み、東大寺大仏開眼供養にも重要な役割を果たす。やがて上級僧侶の官職の一つである律師《りつし》にも任じられ、一時期は奈良時代の日本仏教界を領導する立場にあった。

のちに彼は、病を得たと称して吉野に引退するが、伊吹敦氏はこれを、単なる健康上の問題ではないと見る。氏は「比蘇寺に籠りっきりになったということではなく、大安寺との間を往来する生活を送ったものと考えられる」と理解し、これこそ中国の「北宗禅《ほくしゅうぜん》」のひとたちの間で普遍的に行われていた生活スタイルであると指摘した。のちに中国禅の主流となる南宗禅《なんしゅうぜん》に対して、道璿の学んだのはいわゆる「北宗禅」である。当時、北宗禅は洛陽《らくよう》・長安《ちょうあん》の周辺でむしろ優勢であった。この北宗禅の特徴の一つが大乗戒重視であり、日本天台宗を開いた最澄《さいちょう》にも強い影響を与えている。最澄もまた、道璿の比蘇寺入りに注目していた（『内証仏法相承血脈譜』）。

『梵網経』の果たした役割

道璿のように、山林寺院を拠点としつつも平地寺院との往来を続け、また大乗戒を護持するパターンは、すでにみた大神寺と浄三の活動にもよく当てはまる。さらに、道璿はまた『梵網経』に強い関心を持ち、その注釈書である『註菩薩戒経《ちゅうぼさつかいきょう》』三巻を残した。『梵網経』は、大乗戒を説く経典の一つである。これはインドから伝来し、それを中国語に翻訳した体裁を装っているが、実際には五世紀後半ごろに中国で成立した経典であった。このような経典を「偽経」という。しかし、偽経は誰かを欺《あざむ》こうとするために作成されたのではなく、むしろ熱心な研究活動の上に経典のスタイルをとって成立した成果物であった。

最近の船山徹氏の研究によって、『梵網経』が先行するどのような経典を吸収して成立し、またそこからどのように、あらたな経典が生みだされていったかが詳細に明らかになってきた。そこから大乗戒（菩薩戒）というものが、五世紀以降の東アジア仏教にとってとくに重要な問題、たとえば世俗との一体化や実践的な仏教のあり方などを熱心に考える中で発展し、東アジア仏教を特徴づけていることがよく分かる。このような大乗戒が、八世紀の山の宗教を大きく転換させたことはすでに述べたとおりである。日本の山の宗教が、大陸仏教の動向と密接に絡んで展開していたことが、ここからも分かるであろう。

そこで、もう少し詳しく大乗戒の体系を見ることから、山の宗教の特徴を考えてみたい。大乗戒は、それまでの上座《じょうざ》仏教の戒律と違って、大綱を示して大乗仏教の精神を顕揚することを特徴とする。たとえば、①諸悪を止め（摂律儀戒《しょうりつぎかい》）、②諸善を積極的に行い（摂《しょう》善法戒《ぜんぼうかい》）、③一切衆生の救済を目指す（摂衆生戒《しょうしゅじょうかい》）、という「三聚浄戒《さんじゅじょうかい》」は、その典型であった。中国における大乗菩薩戒の体系は、やがて三聚浄戒をもっとも基本に据え、これにすでに触れた『梵網経』の十重四十八軽戒を接続させる理解が一般的となってゆく。道璿の『註菩薩戒経』三巻もまた、山の宗教を巻き込んだ東アジア仏教の大きな潮流の中で著されたものであった。これを見ると、道璿の山林修行に対する関心のありかがよく浮かび上がってくる。

『梵網経』では、「一切衆生悉有仏性《いっさいしゅじょうしつうぶっしょう》」（一切の生きとし生けるものにはすべて仏の性質が備わっている）の思想にもとづき、国王から始めて奴隷や破戒の男女にまで至る、すべてのひとびとに菩薩戒を受ける資格があると説く。そこには「鬼神」、つまり仏教が伝来した各地の山に住む在来の神々らもまた加えられているのであった。そして道璿は『註菩薩戒経』の中で、この箇所を見逃していない。彼は、菩薩戒の受戒対象には神々から「非《ひ》人《にん》」までが含まれるのであり、ゆえに「鬼神」と称するのだという説に触れている。

受戒者の資格を定めた第四〇軽戒についても、ふたたびこの立場から鬼神を含む一切衆生の受戒を認め、同趣旨の註解を加えていた。このように道璿は、がんらい受戒に値しない異類のものどもにさえも菩薩戒の受戒を許し、大乗仏教の実践へといざなう『梵網経』の趣旨をさらに徹底しようとしていた。日本に渡り『註菩薩戒経』を著した彼の視野に、列島の山々に暮らしてきた「鬼神」たる神々までが入っていたことは、もはや明らかである。かつて孔雀系経典は、〈名づけ〉の力によって列島の山の神々を仏法のうちに取り込んでいった。いままた『梵網経』では、さらに進んで仏性思想にもとづき、鬼神らにも成仏の可能性を認め、受戒を許すことにより仏法の秩序の中に包み込んでいったのである。

菩薩戒と山の宗教

菩薩戒の思想は、日本のみならず大陸も含む東アジア仏教全体の中で大乗仏教の大綱を示し、山の宗教にも大きな影響を与えた。のみならず菩薩戒は、山林修行者の実践においても大きな足跡を残す。というのは、『梵網経』には単なる精神論ばかりではなく、山林での実践に関するきわめて具体的な指示や規定が見えているのである。

たとえば第三七軽戒では、夏冬に行う「安居《あんご》」と春秋の「頭陀《ずだ》」について説かれている。安居とはもともと、インドにおいては夏の九〇日の期間、雨期であることから托鉢行を避け、寺院内に留まって集中的に行う修行を指す。ところが『梵網経』には、冬にも安居を行うとしている。中国成立の経典であることから、彼此の自然環境の違いにもとづくあらたな山林修行のスタイルが登場しているのである。また頭陀とは、修行者が守るべき一二の規律であるが、実際には食事を請い歩く「乞食《こつじき》」(托鉢)などがおもであり、こちらも実践行を指す。

さらに『梵網経』には、修行者がつねに所持すべき最低限の身の回りの品々(旅行用品)、たとえば衣服・鉢・座具・タオル・ナイフ・仏像など一八点までを具体的に示している。道璿がここにも注釈を加えているのは、彼の山林修行者としての面貌をよく伝えている。彼は『註菩薩戒経』の中で、縫針を入れる筒やかみそりといった一点ごとのアイテムを取り上げ、さらに経律や仏像を一八点のうちに含むかどうかといった個別的な所持品の検討を行っている。つまり、山林修行の際の携行品に細部までこだわっているのであり、さながら現代のアルピニストたちが、ヘビーデューティ・ギア（過酷な条件を耐え抜く道具類）を厳選するさまを髣髴《ほうふつ》させるではないか。このように、道璿にとって『梵網経』の注釈書を著した大きな目的の一つは、山林修行者の実践に沿ったきわめて具体的な指示を検討することであった。

もっとも、『註菩薩戒経』の末尾で道璿はまた、『梵網経』結語に見える「如如一切仏の説く無量一切法蔵が完了した」という一節に付して、次のようにも述べている。

さきに一切衆生にみな仏性のあることを明かして、戒の本源とした。その姿は不易《ふえき》であり、なづけて常住とするのである。その理法に差はなく、ゆえに「如如」というのである。つまり、一切の存在はみな仏の本性たる戒の中に収まり、そうでないものはないからなのである。

ここには、個別の実践について詳しく検討してきたうえで、最後にそこには解消しえない『梵網経』全体の理想が説かれている。それまで仏教の埒外《らちがい》にあった山の神々、つまり鬼神や異類のものどもさえも含む、一切衆生に成仏の可能性が宿っているのだという大乗仏教の理想を、彼は戒という実践の中に求めてゆく。それは中国と日本とを問わず、どこにあっても実現しなければならない。山の宗教もまた、この理想に向かって開かれてゆくべきであると、山林修行者としての道璿は信じていたに違いない。

鑑真教団と山林修行

道璿に少し遅れてやってきた渡来僧が、鑑真であった。さきに触れたように、鑑真は思託らの弟子を帯同し、また日本でも多くの弟子を育てた。彼らが中国から体系的に伝えた戒律は、いままで本章で扱ってきた大乗菩薩戒に対して、すでにそれ以前に成立していた上座仏教系の「具足戒《ぐそくかい》」であった。具足戒と菩薩戒とは異なる規定も多く、両方を同時に守ることは難しいとも考えられていた。ただ、鑑真も若いころに菩薩戒を受けており、その弟子にも菩薩戒を研究し、また注目した者が少なからずあった。

いままでの日本仏教史では、平安時代初期に最澄が天台教団の自立を目指して菩薩戒の護持を強調したことにより、はじめて菩薩戒が日本にもたらされたかのように説明されてきた。しかし、奈良時代にはすでに道璿や鑑真ら渡来僧が最澄に先んじて、菩薩戒を守って山林修行に従うという、大陸において一般的となっていた仏教のスタイルを日本に紹介していたのである。そこで本章では、さいごに鑑真門下の菩薩戒の研究の軌跡を、山の宗教とのかかわりから見ておこう。

鑑真とともに来日した弟子のひとりに、法進《はっしん》がいる。彼が著した『沙弥《しゃみ》十戒《じっかい》幷《ならびに》威儀経《いぎきょう》疏《しょ》』については、冨樫進氏の研究に詳しい。ここには最澄以前に、すでに天台教学の影響も濃く大乗仏教の立場が明確であることが分かるという。そこで筆者は『威儀経疏』を、おもに優婆塞《うばそく》・沙弥（在家の仏教修行者および出家したばかりの修行僧）と呼ばれた山林修行者に向けて説かれた、具体的な戒律護持の作法であったと見ている。法進は『威儀経疏』の中で、具足戒たる沙弥十戒と菩薩戒の間の統一的理解を積極的に試みており、べつに『註梵網経』という著作も知られている。このように、鑑真門下にも菩薩戒への関心が高かった。菩薩戒を護持して山林修行たる「浄行《じょうぎょう》」を実践する修行者の担う仏教を、筆者は「優婆塞仏教」と名づけている。このような優婆塞＝山林修行者たちが習得した内容は、彼らの官寺への登用のために作成された推薦状である「知識優婆塞等貢進文《ちしきうばそくとうこうしんもん》」から具体的にうかがうことができる。貢進文の中では、山林修行者らの能力を証明するために、彼らが読誦《どくじゅ》することのできる経典名を列挙し、また浄行に従事した年限を記入した。これとともにしばしば記されるのが、「唱礼《しょうらい》」である。唱礼は、果して山林修行とどのような関係があり、また鑑真教団や菩薩戒の護持にどのように取り入れられていったのだろうか。

中国北魏《ほくぎ》時代にインドからやってきた僧勒那摩提《ろくなまだい》は、『七種礼法』という書物を著した（散佚）。鑑真の師匠筋にあたる唐代戒律研究の大家、道宣《どうせん》は『釈門帰敬儀《しゃくもんききょうぎ》』の中にその一部を引用している。これによれば「七種礼法」は、仏を礼拝する行儀が重要であることを七段階に分けて説く。そのうち第二礼は、いまだ心が清浄ではないままに、とりあえず威儀を正して礼拝するが、第三礼の段階になると、心身ともに仏を恭敬する状態になってゆくという。ここで山林修行あるいは唱礼との関係からとくに注目したいのは、まず第二礼が「唱和礼」と呼ばれていることである。ここから、優婆塞仏教における「唱礼」とは、中国から伝来した「七種礼法」を承《う》け継いで実践し、礼仏の作法を身に付けたことを意味すると分かる。

さらに注目したいのは第三礼において、仏名を唱えることによって仏が姿を現し、手ずから修行者の頭を撫でて罪業を除いてくれると説くことである。なぜなら、『梵網経』第四一軽戒にもまた、懺悔によって仏が姿を現し、滅罪に至ることが説かれているからである。ここから、貢進文に見える「唱礼」もまた菩薩戒との深いかかわりの中で実践された山林修行の作法であったことが分かる。道宣が『釈門帰敬儀』の中でこの点に注目していたことから、彼やその系譜を引く鑑真教団が菩薩戒に高い関心を持ち、その影響下に山の宗教が発展したことを改めて確認できる。

　最近筆者は、日本の古代中世石造物研究において主導的役割を果たしている狭川真一氏の口頭発表の中で、奈良盆地東部の春日山中に点在する石造物群の中でもとくに有名な、奈良時代の成立とみられる聖人窟《しょうにんくつ》について拝聴する機会を得た。石窟内正面の壁面に刻まれる三体の尊像のうち、十一面観音（右）以外の二体については、従来その尊格についていくつかの説が出されてきた。これについて狭川氏は、中央を盧《る》舎《しゃ》那《な》仏《ぶつ》、左側を薬師如来と推測する。

奈良市春日山の聖人窟

　その後、定型化してゆく一般的な三尊形式から考えると、この組み合わせはいっけん突飛にも見える。しかし、氏も指摘するように鑑真を招いて建立された唐《とう》招提寺《しょうだいじ》金堂《こんどう》の須弥《しゅみ》壇《だん》には、まさにこの組み合わせで三尊が奉安されている。盧舎那仏は『梵網経』の本尊であるうえに、すでに第二節で述べたように、十一面観音・薬師如来は古代においては、とくに「悔過《けか》」つまり懺悔滅罪を祈る本尊としてさかんに信仰された。おそらく聖人窟は、道璿・鑑真ら渡来僧の影響を強く受け、菩薩戒を護持して唱礼を実践するような山林修行者の手によって設けられ、奈良盆地の平地寺院と密接な関係を持つような都城に身近な山林寺院として活動の拠点になったのであろう。

道璿・鑑真らが渡来する以前の時期に作成された貢進文にも、すでに「唱礼」ということばが見える。つまり、奈良時代の早い段階から唱礼は日本に伝えられ、山林修行者たる優婆塞たちの間に共有されていた。ここから、道璿・鑑真を経由しない大陸の山林修行の系譜が、つぎつぎに日本に流入していたこともよく分かる。鑑真らの渡来によって、この傾向はますますさかんになったであろう。

岡野浩二氏が指摘したように、のちに鑑真の弟子のひとりであった日本僧道忠《どうちゅう》は東国に布教し、常陸《ひたち》国（茨城県）において広智《こうち》を弟子とした。広智は、菩薩・沙弥あるいは禅師と呼ばれる優婆塞仏教の担い手であり、最澄の法華経書写事業に結縁《けちえん》するとともに、やがて下野《しもつけ》国（群馬県）出身の円仁《えんにん》を最澄に紹介するに至ったのである。こうして、菩薩戒と山林修行の系譜は相互に絡み合いながら大陸から奈良へ、さらに東国へと広がり、平安仏教へと続いてゆくのであった。

第二章　山の宗教の変質

高野山・金剛峰寺・天野社（山王院）（和歌山）／二荒山・中禅寺（立木観音）（栃木）／富士山／笠取山・醍醐寺（京都）／大峰（金峰山、山上ヶ岳）・金峰山寺（奈良）／比良山・葛川明王院（滋賀）／六郷山・夷岩屋（六所宮）（大分）

二荒山頂遺跡附近の景観（1963年ごろ）

1　深山への進入

高山・深山への挑戦

真冬の朱鞠内湖《しゆまりない》は、恐ろしく寒いという。北海道北部、幌加内町《ほろかない》に位置するこの湖の周囲は、真冬になるとマイナス四〇度にもなる。ところが物好きなことに、わざわざこの季節を待ってバイクにテントを積み、湖畔でキャンプを楽しむライダーもいるらしい。さしずめ、北海道最北端の宗谷岬《そうや》の越冬を目指す冬旅の途中なのだろうが、もちろんバイクも装備も特別仕様で、十分な準備と経験に裏づけられた道楽である。

現代人の中には、こんな自然との付き合い方をするひとびとがいる。だが、レジャーではなく修行として厳冬に立ち向かう場合もある。空海の御廟《ごびよう》（墓所）が設けられた和歌山県の高野山金剛峰寺《こうやさんこんごうぶじ》でも、冬になるとしばしば気温は零度を切るが、修行僧たちの求道は続けられている。炎を焚いての護摩《ごま》修行の際には、煙を逃がすために開けられた天井窓から雪が舞い込み、六時間にも及ぶ修法のおわりごろには坊主頭にうっすら雪が積もるほどであるという。しかし、このような厳しい自然環境の中での修行も、思えばそれなりの施設や備えがあってはじめて実現するものであり、そうでなければ単なる自殺行為である。

古代の山林修行もまた、深山に入っての苦行が当初からのスタンダードな形態ではなかった。『梵網経』には、すでに見たように安居や頭陀の規定が説かれているが、興味深いことに、この中では危険な箇所に踏み入ることが禁じられている。その指示はやはり具体的で、治安の悪い場所や自然災害の起こっている地域、また草木の深いところや道路の毒蛇なども避けることとされている。

実態を知らないわれわれは、山林修行といえば深山幽谷における危険な行為につぎつぎに挑戦することのように思いがちである。さらに、山林修行の本質を安易に苦行に結びつけることにより、どうしても冬山での厳しい鍛錬などをイメージしてしまう。しかし、山林に籠って集中的に修行を行う安居の期間は、インド以来原則として夏季と定められていた。冬はむしろ、厳しい自然環境を避けて山を下り、平地に近いところで過ごすのである。修行者が山林寺院と平地寺院を往返するスタイルは、このように自然と密に接しながら一年を暮らすところからも生まれてきたのであろう。菩薩戒の行動規範に従った活動の拠点として、山の裾野に山林寺院が形成されていくのであった。

しかしながら、奈良時代の終わりから平安時代のはじめにかけて、それまでの山林修行に対する常識はすこしずつ変質し、高山・深山に挑戦する山林修行者が登場する。比叡《ひえい》山《ざん》・高野山上にそれぞれ天台宗・真言宗教団の拠点を築いた最澄・空海は、もちろんその典型である。平安京東北の縁辺部に位置する比叡山はまだしも、都から遠く離れた紀伊国高野山は、あらたなタイプの山林寺院であった。

若き日の空海は、吉野から南下して「カネノタケ」すなわち金峰山（おそらくは山上ヶ岳付近）を経由し、そこから西に向かって二日進んだところに「高野」なる平地を発見したと、のちに回顧している。つまり空海は、吉野からさらに奥に入った大峰山地の縦走路を通ったことになる。ただし、金峰山を貫く「大峰奥駆道《おくがけみち》」を安定して多くの修行者が踏破するようになるのは、もう少し後のことであった。空海が開いた高野山にしても、九世紀の段階で壇上伽藍と言われる堂舎が山上に整備されたものの、まもなく通年をここで過ごす修行者がいなくなり、いったん衰退する。これは、空海没後の真言宗教団全体の停滞のひとつと見られる場合もあるが、必ずしもそればかりではないであろう。おそらく当初、山上の伽藍の実態は、冬は無人となることが前提の比較的質素なものだった。平安時代中期ごろには、高野山の中腹にあるこの寺の守護神、天野社《あまの》（丹生都比売《にうつひめ》神社）が修行者たちの冬季の待機所となっていたようである。山上の「復興」を称しながら「常住者」が登場するのは、いま少しのちのこととなる。

日光開山勝道

つねに高山・深山に滞在するわけではないにしても、平安時代に入ると、空海のほかにも山頂に挑んでゆく修行者が現れた。その一人が、空海と同時代のひとで二荒山《ふたらさん》（日光山）に登頂した勝道《しょうどう》であった。彼の活動を綴った碑文が空海の詩文集である『性霊集《しょうりょうしゅう》』に収められたことにより、古来その活動はよく知られている。また、二荒山頂からは平安時代初期の仏具が発見されているが、これも彼の登頂に関わって奉納されたものであるかもしれない。これらの記録や遺物は、平安時代初期の山林修行者がいかにして高山に挑んだかを具体的に示す貴重な史料である。

碑文によれば、二〇〜三〇代のころに勝道が日光山登頂を試みた当時、ひとびとにとって二荒山は「葱嶺《そうれい》」（パミール高原）のように険しく聳えたち、容易に登頂を許さない霊峰であった。それは単に高いから困難であるというわけではなく、安易に登頂すべきではない聖所でもあった。そこで勝道は事前に戒律を守って山林修行を積み、自己の心身を清浄に保つ必要があった。それにもかかわらず、彼は二度まで登頂に失敗する。そこで三度目には入峰の前に、七日のあいだ読経礼仏するなど入念な作法を行って、ようやく登頂に成功する。山頂に至った勝道は二一日間、ここで礼仏懺悔を行った。その後、再度登頂を果たした勝道は南湖《なんこ》（中禅寺湖《ちゅうぜんじこ》）に至り、ここに神宮寺を建立して四年以上止住したという。その流れを汲むのが中禅寺（立木《たちき》観音）と伝えられている。のちに下山してからは、終生ちまたのひとびとの救済に励んだ。

ここから分かるように、勝道はたしかに山頂に至ったが、必ずしも長くそこには留まらなかった。けっきょく彼は、山腹にあたる中禅寺湖のほとりに寺院を建立し、こちらを山林修行の拠点としたのである。勝道の例からも分かるように、八〜九世紀の史料に表れる山林修行者の活動を注意深く読み解いてゆくと、一般的な修行の場はやはり高山・深山ではなかった。頂上を目指しそこに至るという、あらたな傾向にはじゅうぶん注目しなければならないが、けっきょくはなお、山の中腹以下の裾野を拠点としていたのである。高山・深山の修行に挑戦するのは、いまだ一回的・例外的な事例と見るべきだろう。

『富士山記』を読む

それでも修行者やひとびとの関心は、この時期以降、徐々に山頂へと向かっていった。この点をさらに考えるために目を転じてみると、興味深いのが富士山である。九世紀のはじめにおける富士山頂は、すでに触れた『日本霊異記』役行者説話に見られるように、いまだ超越的な霊力によって一気に跳び上がるような異界とイメージされるに過ぎなかった。ところがそれから半世紀ほど経つと、あらたな視点から富士山頂を描いた史料が現れる。平安時代前期の代表的な文人貴族であった、都 良香《みやこのよしか》の『富士山記《ふじさんき》』である。

これはさして長い文章ではないが、平安時代の優れた漢詩文を集めた『本朝文粋《ほんちょうもんずい》』（巻一二）に収められた名文の一つとして知られている。山の宗教とは一見関係ないかのように見られてきたこの文章から、平安時代前期におけるひとびとの山への意識の変化を探り、次の時代に続く山の宗教への視点を導き出すことができるだろう。そこで以下、読者とともに『富士山記』を読み解いてゆくことにしたい。

『富士山記』冒頭では、その高さは測ることができないほどで、これより高い山はなく、「その聳峰《しょうほう》は鬱《うつ》として起《た》ち、天際《てんさい》に見在《けんざい》す」つまり巨大な山塊として聳え立ち、天に届くほどであると讃えている。このように、上方向への高さをはっきり強調する表現は大陸的な感性に近く、当代一流の漢学者の面目躍如たるものがある。

しかし、良香はまた日本列島の住人らしく、つづいてその「ネ」つまり裾野の素晴らしさにも着目する。彼は「その霊基《れいき》の盤連《ばんれん》なるところを観るに、数千里の間に亘《わた》る。行旅《こうりょ》の人、数日を経歴して乃《すなわ》ちその下を過ぎ、これを去りて顧望するに、なお山下にあり」と誉めている。裾野に連なる神秘的な磐根が数千里に及ぶとするのは、さすがに誇大であろう。しかし、旅ゆく人が数日をかけて麓を過ぎ、顧みて遠望してもまだ山下にあるように感じるという表現は、実際にここを訪れてみるとたしかに実感できる。とくに関東に生まれ育った筆者にとっては、冬などは平野のあちこちから明朗に望むことのできるこの霊峰にふさわしい表現と感じられる。

のちに述べるように、良香が生まれる少し前の延暦一九（八〇〇）年、富士山噴火によって箱根連山北方の足柄《あしがら》峠を越える東海道のルートが埋没してしまう。このために、同二一年あらたに南側に箱根路が開削された。良香の表現は、このあらたなルートからの眺望にもとづくであろう。駿河《するが》に入って富士の裾野にさし掛かり、箱根を越えて関東平野に入ってゆくまでを思えば、数日のあいだ裾野を経歴するとの表現はあながち誇張でもあるまい。

つぎに『富士山記』は、この山に神仙の群れ遊ぶ様子を記す。祭祀のおりにひとびとが峰を仰ぐと、白衣の美女二人が並んで山嶺の上に舞っていたという。ただ、その位置が「巓を去ること一尺あまり（三十数センチメートル）」であったというのは、ふもとから山頂を実際に眺めての描写とは考えにくく、単にイメージを述べたものであろう。ただしその日が貞観一七（八七五）年一一月五日であったと日付を具体的に記していることから、この記述は、それをともに見たという「土人」（現地のひとびと）からの、朝廷に対する公的な報告にもとづくと思われる。この点が、続く部分とも関わって興味深い。ここから、神仙の遊ぶイメージとは一転したリアルな描写が始まる。

頂上に平地あり。広さ一里ばかり。その頂の中央、下に窪む体は炊甑《すいしょう》のごとし。甑《こしき》の底に神池《しんち》あり。池の中に大石あり。石の体驚奇なり。さながら蹲《うずくま》る虎のごとし。またその甑の中に、常に気ありて蒸出す。その色純青なり。その甑の底を窺うに、湯の沸騰するがごとし。それ遠きにありて望まば、つねに煙火を見る。またその頂上に池を匝《めぐ》りて竹を生ず。青紺柔懊《じゅうだ》なり。

頂上に一里ばかりの平坦地があるというのは、現在の火口周囲が約三キロメートルであるのとおおむね一致する。その中央には、甑のような窪みがあるという。甑とは米や豆を調理する瓦製の蒸器であり、つまりは噴火口の形状を喩えたものである。その底の神池にはうずくまった虎の形をした大石があり、つねに水蒸気が噴出していて純青色をしているという。まさに、カルデラ湖の景観そのものであろう。ここから煙火が上がるのが遠望でき、池の周囲には青竹が密集していた。この一連の描写が実見にもとづくことは、明らかである。

ここから記述はふたたび山体へと視点を移してゆく。頭上には夏も消えない宿雪を頂いて、腰より下には小松が生えるが、腹より上には木が生えずに白砂に覆われている。その砂が流れ下るために、ここより上に攀《よ》じ登るものは役行者のほかにはいない。最後に、現在も伏流水の豊かな富士の裾野らしく、山腹より湧き出して大河となる豊かな泉のことを述べ、また延暦二一年三月、わずか一〇日にして東麓に現れた新山のことを記して『富士山記』は終わる。

このように『富士山記』は、イメージ世界とリアルな描写を織り交ぜながら記されている。中でも山麓からの眺望に加えて、山頂の描写が詳細となっているのはこの時期のひとびとの山に対する意識の大きな変化を示している。宗教的な契機から修行者が山頂を目指し始めるこの時期に、文人官僚である良香もまた山頂をリアルに意識するようになったのはなぜだろうか。また、どのようなシステムがそれを可能にしていたのだろうか。

都良香と災害の記録

『富士山記』の著者、都良香は清和《せいわ》天皇の時代、貞観年間(八五九—八七七)に活躍した当代一流の漢学者であった。彼の任じられた大内記《だいないき》は、宮中の記録や詔書の起草を司り、文筆に長けた人にふさわしい官職である。ゆえに、実際に平安京を出て地方に赴いた経験はほとんどないだろう。さきにも触れておいたように、『富士山記』の一部には現地からの公的な報告をもとに記述された箇所が見られる。頂上の描写も、もちろん良香自身が実見したわけではなく、そのような記録にもとづくのであろう。公文書起草という職務から、彼は地方から朝廷へのさまざまな報告を読む立場にあった。それにしても、良香も山腹より上への登山は不可能と記していながら、実際にはその困難を凌いで頂上に到達し、朝廷に報告した人物がいたのは、どのような事情によるのだろうか。

すでに見たように、『富士山記』の末尾には延暦二一年三月に東麓が噴火し、新山が現れたと記されている。奈良時代後期の天応元（七八一）年以来、富士山の火山活動は活発化していた。延暦二一年の山体東部噴火も、直接には二年前の比較的規模の大きい本体の噴火に連なるものであった。有史以後ではまず、この八世紀後半から九世紀にかけての火山活動が顕著である。平安時代前期には、噴火や地震など大規模な自然災害が日本列島に集中した。

このような過去の記録に残された歴史上の噴火や地震には、東日本大震災の発生を契機にとくに注目が集まっている。自然災害には、当時の政治社会状況も密接に関連し、しばしば被害を深刻化させてゆく。災害による地方社会の混乱が、中央集権体制を動揺させかねないと判断した古代国家は、地方からつぎつぎにもたらされる甚大な被害状況の報告と救恤《きゅうじゅつ》の要請に苦慮したに違いない。たとえば『続日本後紀《しょくにほんこうき》』には、承和五（八三八）年七月五日の伊豆神津島《こうづしま》の噴火および、その後の降灰による広汎な被害状況が報告されている。伊豆の神々の婚姻関係に噴火の原因を求めるなど、この記述は神話的な語りに濃厚に

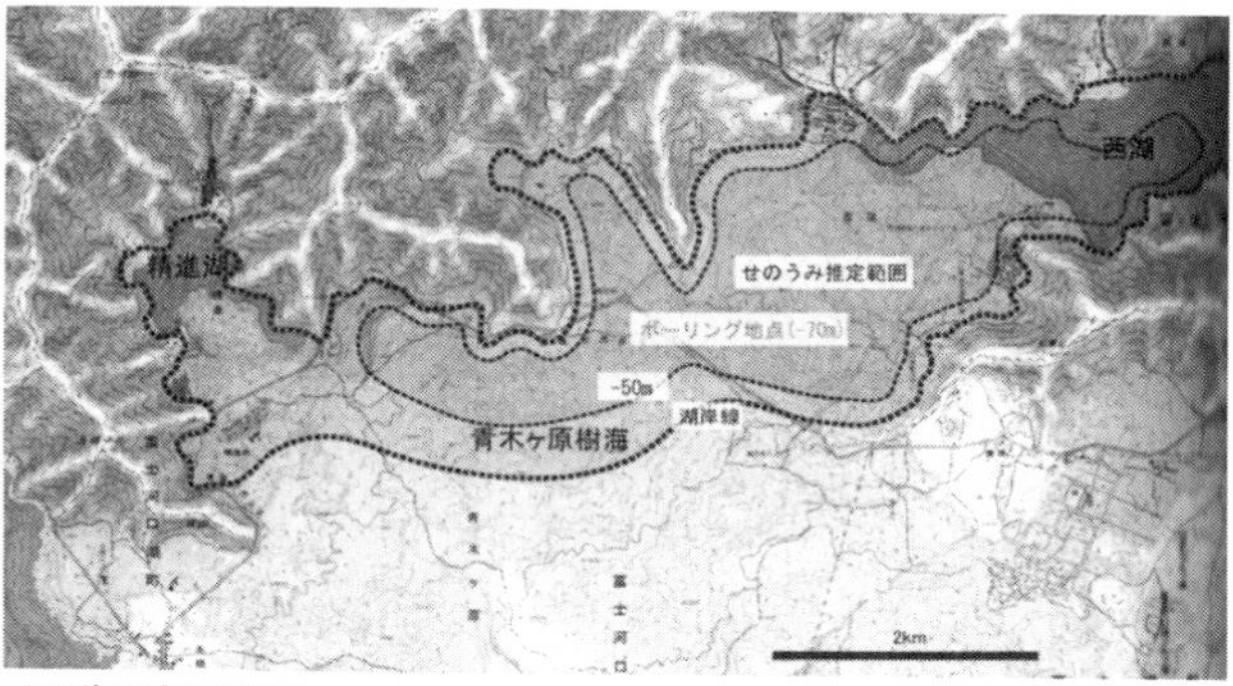

せの海の推定範囲

彩られている。しかしいっぽうで、距離や高さ、面積などの具体的な記述も含んでいることは、「人船到らず」とされ活発な火山活動を続ける危険極まりない状況下のこの島に、公的な報告のために調査が行われたことを示唆している。

　こうした噴火や地震が各地で続くなか、貞観六（八六四）年五月、富士山が大規模噴火を起こした。『日《に》本三代実録《ほんさんだいじつろく》』には翌年にかけて、つぎつぎにもたらされる被害情報と対応策が記されている。山体から流出した溶岩が北西に流れて本栖《もとす》湖《こ》に達し、また「せの海」を精進湖《しょうじこ》と西湖《さいこ》に二分したこと、光炎の高さや溶岩流の範囲などについての具体的な数字、家屋の被害状況なども詳しい。さらにここには、山頂を調査するために使者が派遣されたことがはっきり記されており、火山活動によって造成された地形の様子を神津島噴火のときと同様に述べている。「仰ぎ見た」とあるが、数字の記述などから、実際に頂上に至って実検しなかったとは考えにくい。大規模な噴火は、以後半世紀のあいだに、肥後阿蘇山《ひごあそさん》・出羽鳥海山《でわちょうかいさん》・伊豆新島《にいじま》・陸奥十和田《むつとわだ》など列島の東西で続き、地震も多発した。陸奥国に大規模な地震・津波、いわゆる貞観地震が発生したのは、この富士山大規模噴火の五年後のことであった。

自然災害と地方への関心

貞観年間は、良香が朝廷において文筆官僚として出世してゆく時期にあたる。地方からつぎつぎにもたらされるこのような災害情報が集約され、国史の素材となっていく場に彼は立ち会っていたに違いない。やがて良香自身も、六国史《りっこくし》の五番目となる『文徳天皇実録《もんとくてんのうじつろく》』の編纂を命じられることになる。九世紀に頻発した噴火や地震などの深刻な自然災害の中で、それまでの山に対するひとびとの意識はかなりの程度変更を余儀なくされたであろう。国家も、そして山の周囲に暮らすひとびともまた、それまでとは異なって、漠然としたイメージではなく山頂までを含む具体的な関心を山に対して向け、時には実検さえ行うことになったのである。

良香の場合はそのような報告に多く接するなかから、やがて彼独特の文学的感性によって『富士山記』を生み出してゆく。この意味で『富士山記』は、唐風文化が宮廷を席巻した平安前期における、漢学者の単なる文事の所産ではなく、山をめぐって現れた深刻な自然の状況と、それにともない生まれたあらたな現状認識のもとに成立した文学作品だったのである。

いっぽうでこの時期は、のちに詳しく見るように山林修行者の力が朝廷に注目された「化他《けた》の時代」でもあった。ときには民衆教化にも携わったと考えられる彼ら化他の僧もまた、同時期の列島における山をめぐる自然環境の深刻な状況を目の当たりにし、自然災害にあえぐ民衆の救済と無関係ではありえなかっただろう。

このように、山林修行者が各地で山や自然、それを取り巻く民衆の状況を実見していたのに対して、良香を含む都市平安京の住民は、あらぶる山の姿を身をもって知るのではなく、遠くからもたらされる情報を間接的に受容していた。政治都市としての平安京の中枢に位置する朝廷は、平安時代を通じて内裏での政務を中心とする王朝国家に変容してゆく。上級貴族は地方に赴かなくなり、地方の政務は現地に委任された。しかし、そのことは必ずしも彼らの地方への関心を喪失させなかった。地方の霊山や歌枕《うたまくら》などの景勝地へのあこがれは、実際には訪れえないからこそ、むしろ都市民の中で大きくなっていったのである。彼らはあくまで都市内部にありながら、地方からもたらされるさまざまな情報に敏感になり、これを受け入れて山に対する自由なイメージを発展させていった。

このような欲求が、実際に現地で山の宗教に携わる山林修行者たちの背中をもう一押しした一面もあっただろう。彼らは都市民の関心を背負って山林を往返し、そのありさまを伝えるようになる。そこからさらに詳しいレポートを求められ、徐々に山の深部に進入してゆくようになったのである。良香にはべつに『吉野山記』という作品もあり（散佚）、役行者伝が含まれていたことが分かっている。役行者のことは『富士山記』にも見えて、良香のような文人貴族もまた山林修行者に関心を持っていたことを示している。都市民たちは、山林修行者を通じて地方からの山の宗教に関する一次的な情報を吸収し、都において二次的なイメージを発展させたのであった。この意味で、都のひとびとに対する山林修行者の役割はますます大きくなっていった。

2 「化他」の時代

化他僧の登用

すでに奈良時代の山林修行者のあいだでは、平地と山林をひんぱんに往復することが一般的な行動パターンとして定着していた。平安時代に入ると、都市のひとびとは山の宗教に対してあらたな関心を抱く。深山に挑戦する修行者たちも、これに応えてその様子をひとびとに伝え、両者の交流は深まってゆく。そうした関係を取り結ぶうえで重要な役割を果たすのが、山の裾野に発展してゆく中世の山林寺院である。つぎにその様子を見ていきたいが、その前に、平安時代前期のひとびとの山の宗教に対する関心の深まりに対して、山林修行者がどのように応えていったのかを、もう少し検討しておこう。

従来、どちらかといえば制度面から検討されることが多かった平安時代前期の仏教において、山林修行などの実践修行の重要性に近年注目が集まっている。平安仏教は、とくに日本に天台・真言宗を樹立した最澄・空海の時代、つまり彼らを保護した桓武《かんむ》天皇から嵯《さ》峨《が》天皇の時代に関心が集中してきた。しかし、嵯峨の皇子である仁明《にんみょう》天皇から、その孫皇清和天皇に至る時代には、山の宗教にとって引き続き重要な変化が続いてゆく。とくに清和天皇のもとでは、仏教制度の根幹をなす僧綱制《そうごうせい》が再編されたが、筆者はこの改革もまた、山の宗教と密接な関係を持って進められたと考えている。

まず堀裕氏は、仏教史の立場から仁明朝を「化他の時代」と特色づけた。当時、仏教統制は僧侶として高い位（僧位）にあり、特定の職務（僧官）を持った上級の僧侶組織に委ねられていた。彼らを「僧綱」というが、その僧位僧官への毎年の任命を記録した『僧綱補《そうごうぶ》任《にん》』という書物がある。いっけん無味乾燥な僧綱の人事記録に過ぎないと思われがちなこの史料も、ていねいに読み解いてゆけば実践修行者の登用を示す注記がさまざまに表れていることに気づく。

たとえば承和二（八三五）年条には、この年まで僧綱首位であった大僧都空海が没したことにより、あらたな僧綱人事が動いた記録がある。このとき、泰景《たいけい》が少僧都《しょうそうず》に補せられた。彼は尾張《おわり》国の人で東大寺僧であったが、この年七二歳とすでに高齢であり、異例の大抜擢であった。年齢の問題のみならず、通常僧官は律師→僧都→僧正と順次昇進する。ところがこのひとは律師を経ず、ただちに少僧都に補せられ、先任者を抜いていきなり僧綱ナンバースリーの位置に立つことになった。さらに同七年には先任の明福《みょうふく》をも押さえて大僧都となり、ついに僧綱首位に就く。

そこで『僧綱補任』の注記に注目してみると、泰景にはとくに「修行者」と付されている。山林などにおける実践修行が目覚ましかったことが、この異例の抜擢の理由であっただろう。少し時代が下って、貞観七（八六五）年条の一演《いちえん》にも「修行者」の注記があるが、この場合は権 僧正《ごんのそうじょう》に直任《じきにん》とさらに大抜擢であった。彼は薬師寺僧で、摂政藤原 基房《ふじわらのもとふさ》の治病に功績があっての抜擢であったが、もと「居所を定めず、居留意に任す」と言われるように、自由な実践修行に携わったひとであった（『日本三代実録』貞観九年七月一二日条）。

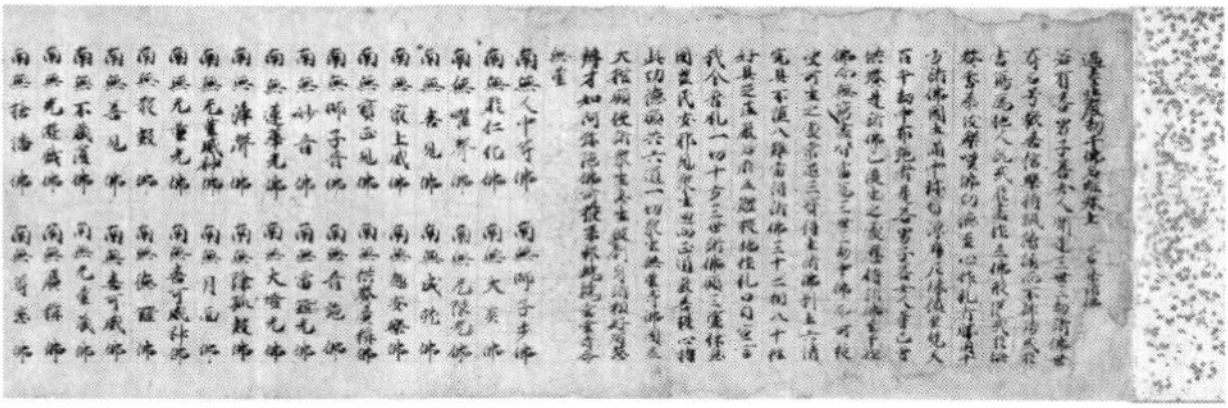

平安時代に書写された『仏名経』

化他とは何か

これらの修行者は、狭い意味での呪術的能力を磨く山林修行者に限定されず、むしろ宮中から市井までさまざまな場で、「化他」すなわち説法教化を行う実践者を含んでいる。『僧綱補任』の注記には、貞観一二年条の律師平勢《へいせい》、寛平二（八九〇）年条の権律師勝延《ごんのりつししようえん》、および延喜一九（九一九）年の雲晴《うんせい》の三名に、この時期のみに見える「化他宗」という注記が付されている。「化他宗」は、奈良時代の南都六宗や天台・真言宗のような公認教団としては全く知られておらず、また特定の教理のもとに結集した「衆」とも異なるであろう。彼らは、内裏の年中仏事たる年末の仏名会《ぶつみようえ》などを契機として頭角を現してきた。仏名会は、一年に犯した罪を懺悔することにより、滅罪を祈る「悔過」のために行われる。この場では、『仏名経』などにもとづいて三千にも及ぶおびただしい数の諸仏の名を読誦する。くわえて、絵解きなどの教化説法も行われた。

このうち、天長七（八三〇）年の仏名会において導師を勤めた道昌《どうしょう》には、興味深いエピソードが伝えられている。このとき淳和《じゅんな》天皇は、「帝王でも臣下でも、料理（のための殺生の罪）は重いか」と道昌に問うた。するとこの年少の法師は、「帝王の罪は重く、臣下の罪は軽い」と答えて侍臣たちを心胆寒からしめたという。天皇がそのわけを問うと、「自分がひそかに供御《くご》（天皇のための食材）に携わるひとびとを見ていると、天皇の御膳に一品を供するのにも多くの殺生が行われている。しかし、臣下の場合はそうではない。わずかに口腹を満たすのみでも、（殺生禁断のために）罰せられれば（帝王の）罪は軽くない」と答えた。天皇はこれをよしとして遊猟の状況を見直し、殺生禁断の制をゆるめたのであった（『元亨釈書《げんこうしゃくしょ》』三）。

直接には天皇との問答であっても、このとき道昌は難解な仏教教理ではなく、彼の眼が市井で捉えた供御に携わる狩猟者たちの活動から、この問題を語り出している。つまり、その活動範囲は寺院内や宮廷に留まらず、広く山野河海にまで及んでいたのである。仏名会の目的である「悔過」が、山の宗教においては大乗戒と結びついて、奈良時代の山の宗教を特徴づけていたことは、すでに述べた。仏名会において、このエピソードのように狩猟をめぐる殺生の問題がとくに取り上げられたのは、この場に活躍する説法者が山林修行者であったことを考えると、さらによく理解できる。殺生は大乗戒においても重大な罪であったが、狩猟を通じて殺生を日常的に行う山の世界が仏教化してゆくうえで、この問題は避けては通れなかったからである。

化他の時代とは、このように山林修行者を含む実践修行者の活躍する時代であった。つまり「化他宗」とは、六宗・八宗などの公認教団ではないが、化他すなわち教化説法を得意とする実践修行者の一群を指している。その代表格たる僧の何人かが、政策的に僧綱に抜擢されていったのである。このころ、政治的には藤原良房《よしふさ》が妹である順子《じゅんし》所生の文徳天皇の外伯父から、まもなく外孫清和天皇の即位によって太政大臣となり、摂政の立場から摂関政治を開いてゆく。仏教政策の上では、僧綱制の改革が行われた時期であった。山林修行者が活躍した「化他の時代」も、このように新しい時代を切り開いてゆこうとする国家全体の動きの中で理解する必要があるだろう。

山林修行者としての真雅

この時代を担ってゆくのが、空海らが育てた次の世代の修行者たちである。彼らは空海がそうであったように、国家の仏教政策と引き続き協力しながら山の宗教を一歩先へと進めていった。そのひとりに、空海の弟子であり年の離れた実弟でもあった真雅《しんが》がいる。清和天皇の初年にあたる貞観二（八六〇）年、すでに大僧都となっていた真雅は僧綱首位となる。真雅は良房から厚い信任を受け、清和天皇の護持を長く務めた。そこで、ともすると彼は政僧であるかのように評されることもあった。

たとえば、真雅の弟子のひとりには、醍醐寺《だいごじ》開山である聖宝《しょうぼう》がいる。聖宝は、真言宗の二代流派のひとつである小野《おの》流の祖であるとともに、当山派《とうざんは》修験道の祖とも仰がれた山林修行者である。この師弟を比較した大隅和雄氏は、聖宝が真雅の門弟ではあったが、宮廷社会への進出と絡むような真言宗の内部抗争に直接のかかわりは持たなかったこと、三〇歳ころの聖宝が真雅と必ずしも行動をともにせず、仏教のあり方についても考えを異にしていたことを指摘している。

醍醐寺開創一一〇〇年を期して一九七六年に発表されたこの研究は、山林修行者の行動を世俗社会と対立的に捉えるというそれまでの枠組みの中で、聖宝の魅力を余すところなく描き出している。しかし八〇年代以降、山の宗教をめぐる見方には大きなパラダイムシフトが起こり、山林修行と世俗社会との積極的な交流を見直す段階に入った。この点を踏まえ、真雅にもまた山林修行者としての魅力を付け加えることができそうである。

真雅は、延暦二〇(八〇一)年に誕生し、弘仁七(八一六)年に空海のもとで出家、同一〇(八一九)年に具足戒を受けて一人前の僧となった。その四年後、わずか二三歳の真雅は内裏において、「真言三十七尊」の梵号を誦した(『日本三大実録』元慶三年正月三日条)。新帝淳和天皇(嵯峨天皇の皇弟)は、その美声に悦んだという。

聖宝肖像

この宮廷仏事は、真雅が権力者に認知された最初の機会となった。真言三十七尊とは、真言宗で本尊として重んじる金剛界曼荼羅の中核をなす三七の仏菩薩であり、その梵号を誦すとは各主尊の名前をサンスクリット語で唱えたことを意味する。『金剛頂瑜伽三十七尊礼懺経《こんごうちょうゆがさんじゅうしちそんらいさんきょう》』などの経典にもとづく、礼仏懺悔の儀礼であろう。つまり、仏の名を唱える仏名会を密教の立場からアレンジした儀礼に他ならない。この年一二月、空海らは清涼殿《せいりょうでん》にて大通方広《だいつうほうこう》の法を行じて終夜に至ったが、これが仏名会の始まりとされている。このように、仏名会が朝廷の年末恒例仏事として定着してゆくうえで、空海一門の果たした役割は大きかった。この点は、初期真言宗の山の宗教としての性格をもよく示している。

　同年に東寺を賜り、この年に少僧都に補せられた空海は、僧綱首位の大僧都長恵《ちょうえ》や、師とも伝えられる少僧都勤操《ごんぞう》らとともに出仕したこの栄えある法会を、別の機会には弟子であり実弟である真雅のデビューの場としても活用したのであった。ただしそれは、単に真雅を権力者に認知させるためのパフォーマンスではなかった。というのは、これからしばらく真雅の音信はふつと絶えてしまうからである。つぎにその消息が表に現れるのは、承和二（八三五）年、三五歳で弘福寺《ぐふくじ》別当となったときである。

この間一二年。かつて最澄が天台宗僧の比叡山籠山を一二年と定め、帰朝後の空海もまた一二年のあいだ、顕著な事績が残されていない。つまり、空海や真雅を含む当時の僧の多くは、まず一定の学習と評価を受けたあと、一二年を標準として山林修行に専念することが一般的だったのではないか。真雅もまた、宮中の仏事にデビューしたあとしばらくは、山林修行者として山に入っていたと筆者は考えている。空海の別の弟子であり、空海没後の真言宗教団を引き継いだ真済《しんぜい》は、真雅とほぼ同時に、しかもほぼ真雅と同年齢の若さで免許皆伝を意味する両部大法《りょうぶたいほう》を授けられた。このことにより世間に注目されながら、しかし真済もまたしばらく山林に入ってしまう。空海は、僧界におけるみずからの著しい昇進と並行して、弟子たちを世間に紹介しながら、同時に化他の時代にふさわしい山林修行者として養成することにも明らかに意を注いでいた。

やがて嘉祥元（八四八）年、真雅は四八歳で権律師に補せられて僧綱の一員となった。これからはいよいよ真雅の経歴が花開き、僧綱首位へと上り詰めてゆく。こうして空海の次代の仏教界に君臨した真雅が着手したのが、貞観年間の僧綱制度の改革であった。その眼目について、従来は僧侶の官僚化を軸に、統制強化の側面から論じられることが多かった。しかし、真雅の山林修行者としての立場を踏まえて、今後は山の宗教を軸に、この制度改革にもまた山林における実践修行者の自由な活動を促進する、化他の時代の特徴を再発見することができるだろう。

さきに道昌が仏名会において、天皇に差し出される供御をめぐって殺生の問題を説いたことに触れたが、真雅もまた清和天皇に対して、摂津から貢進される蟹の塩漬および陸奥からの鹿の干肉などの御贄《みにえ》を中止し、諸国に行われている殺生禁断を止めるように上奏して許されている（『真雅僧正伝』）。道昌と同様に、真雅が化他の時代を引き継いでいたことにつながる興味深い説話である。

聖宝伝の再検討

のちに修験道の祖師にも数えられた聖宝は、真雅の弟子のひとりであった。聖宝は、さらにどのような形で、山林修行者としての真雅の活動を引き継いでいったのだろうか。従来の聖宝の伝記においては、彼の若年期に真雅との間に確執があったとされてきた。この事情を物語る説話は、一二世紀後半に成立した『醍醐雑事記《だいござうじき》』に見えるもので、真雅の飼っていた愛犬を聖宝が猟師に与えたために不興を買い、そのもとにいられなくなって四国へ巡錫《じゅんしゃく》に旅立ったというものである。

ここにいう犬とは、猟犬と考えられている。つまり、平安時代のおわりごろにこの説話を耳にしたひとびとは、ここから修学期の聖宝と山林修行のかかわりを強く感じたことだろう。この説話では、のちに両者の和解に良房が深くかかわったともされている。しかし、いままで山の宗教の立場から検討してきたことを踏まえれば、積極的に権力との関係を結ぼうとした真雅の行動に対する、山林修行者としての聖宝の反発とことさらに解釈する必要はないように思われる。

つぎに、引き続き山林修行者としての側面に注目しながら、聖宝の経歴を見ていこう。皇孫に生まれた聖宝は、承和一四（八四七）年に一六歳で出家する。その後、一人前の僧となり受戒したはずであるが、その年も定かではない（仁寿三〈八五三〉年とする伝がある）。こののち、貞観一一（八六九）年に、三八歳で興福寺維摩会《ゆいまえ》という大きな法会で、『維摩経』に関する論義の指名解答者（竪者《りつしゃ》）を務め、伝灯満位《でんとうまんい》という下位の僧位に叙せられたと考えられる（『日本三代実録』貞観七年四月一五日条による）。これまでの二〇年強、彼がどのような活動を行っていたのかはっきり知られていない。かつて空海や真雅もまた、修学を終えてから一定のあいだ山林修行に従事し、その間の経歴がはっきりしないことを述べた。だがその期間はおおむね一二年ほどであり、聖宝についての二〇年のブランクはやや長い。

ただし、諸師を巡ってなお修学や山林修行に従事していたと見れば、特別に長いとまでは言えないだろう。僧位に叙せられてからの一〇年間に、聖宝は真雅から無量寿法《むりようじゆほう》という密教の伝授を受けたこと、有力者の外護を得て笠取山《かさとりやま》（醍醐山）に准胝《じゆんてい》・如意輪《によいりん》両観音を安置したことなどが知られている。無量寿法は阿弥陀如来を密教的に解釈した修法である。その中で、阿弥陀（あるいはこれと一体化した行者自身）が衆生救済を実践する姿は観音であると観念することの重要性についても説く。おそらく、両方の事績は一連の信仰にもとづいていたであろう。

聖宝は、元慶三（八七九）年に四八歳で弘福寺別当に補任された。この別当就任は、それまで仏教界に絶大な力を持っていた師真雅が没したことにより、その抑圧から解放された聖宝にようやく出世の道が開けたように理解されたこともあった。だが、この時までに聖宝は伝灯大法師位にも叙せられていて、僧としての昇進はむしろ順調というべきであろう。そもそも晩年の真雅自身が示した五人の付法弟子の中に聖宝は含まれておらず、かならずしも主要な弟子とはみなされていなかった（元慶二年一一月一一日「真雅言上状」）。両者の師弟関係は、じつは現時考えられているほど密なものではなかったのである。

むしろ聖宝は、真雅との関係から見ると兄弟子にあたる真然《しんねん》や源仁《げんにん》から、重要な密教の伝授を受けていた。聖宝の出世の画期となった弘福寺別当就任もまた、真然の意向によるものと考えられている。これらの関係を踏まえれば、聖宝は真雅の直弟子というよりは、実態としてはむしろ孫弟子としたほうが理解しやすい。やや下った時期に、真言宗のなかでの真雅の卓越した地位を意識したひとびとが、ことさらに聖宝を直弟子と位置づけていったのだろう。従来は真雅にしても聖宝にしても、前半生における伝記上のブランクを山林修行に専念していた時期と考える発想が欠落していた。とくに聖宝に関しては、世俗権力に批判的な山の宗教といった枠組みのバイアスがかかり、のちに成立した説話の解釈にも問題を残すことになっていたのである。

以後の聖宝は、貞観寺《じようがんじ》座主を経て寛平六（八九四）年には権律師に補せられ、僧綱の一員となった。さらに順調な昇進を遂げ、東寺長者・法務・僧正として僧界の最高位を極め、延喜九（九〇九）年に七八歳で没する。このように聖宝は途中から僧綱の道を順調に歩み、むしろ真雅の後を追って積極的に仏教統制の中枢へと駆け上っていった。しかしながら、いっぽうで彼が醍醐寺という山林寺院を開き、ここを拠点とする実践活動を展開していたこともまた、化他の時代を生きた真雅のもうひとつの活動を継承したものであった。空海の次世代に活動した僧たちの多くは山林修行者として、摂関政治に特徴づけられたあらたな王朝国家体制の開始にも連動しながら、化他の時代を生きた。こうした活動を支えた山林寺院もまた、来たるべき時代に向かって大きく変化し発展を遂げてゆく。

3　中世山林寺院への転換

中世山林寺院のはじまり

　平安時代に入ると、自然災害などを契機として、ひとびとの山や自然に対する認識が変化してゆく。そうしたなか、一一世紀になると社会的にも中世というあらたな時代への胎動が各方面であらわになってくる。寺院の組織や経営の方法、寺院内に形成された諸集団の姿も、例外ではなかった。山林寺院について言えば、深山への進入のためのベースキャンプというあらたな機能を求められるなか、さらにこうした社会の動向にも無関係ではあり得ない。

　すでにはやく承和三（八三六）年、比叡山・比良《ひら》山《さん》・伊吹山《いぶきやま》・愛宕山《あたごやま》（愛護山）・神峰《かぶ》山《さん》・金峰山・葛城山の七つの霊山に阿闍梨《あじゃり》が置かれ、薬師如来を本尊として悔過の仏事を行うことが定められた。しかし岡野浩二氏は、実際にはこれを担うべき僧侶も十分にはおらず、受け皿となる寺院の整備や、それを支える各国の財源さえも確立していなかったと見ている。

　平安時代前期までは、実態としては個別の修行者が一回的・臨時的に山林に入るに過ぎず、山林寺院において恒常的な仏事を担うような組織も集団も存在しない。山内の施設も、そのような修行者の活動に足る程度の小屋とか洞窟に過ぎなかった。岡野氏が、「承和年間に七高山《しちこうざん》のそれぞれに修験者集団が確立しており、各修験者集団から薬師悔過を謹修する七高山阿闍梨が選出され、朝廷がそれを認証していた、というようなことを想定してはならないのである」と述べるのは、まことに正鵠《せいこく》を射たものといえよう。

だがこのころ、七高山のひとつである金峰山には、山林修行者が徐々に進入するようになる。地方霊山としては比較的都に近いこともあって、平安京の住人の関心もひときわ高く、日本における山の宗教の中核となってゆく。考古学的な証拠から、山上ヶ岳にはすでに奈良時代末期には、山林修行者の往還が確認できる。しかし、その数は必ずしも多くはない。現在の大峰山寺の場所に常設の建物や護摩壇はいまだなく、露天において臨時に護摩を焚く程度であった。とはいえこの時期、若き日の空海が吉野から南下し、山上ヶ岳から西に折れて高野を目指したことは、すでに述べた。吉野を起点として、さらにその奥に広がる世界に少しずつ関心が拡大し始めていたのである。

大峰深部への進入を実現するためには、まず入り口に位置する吉野の設備を、ベースキャンプとして充実させる必要があった。この時期、醍醐寺の聖宝が大蛇を退治して、役行者以来途絶えていた奥駆道を復興したという伝説が知られている。しかし、時期的にはやや早すぎる感がある。むしろ、吉野をベースとして山林修行者が深山に進入しようとする試行錯誤の様子を、この説話の背景に見るべきであろう。ほかに、冥土《めいど》から蘇生する物語で知られた日蔵《にちぞう》（道賢《どうけん》）の、笙《しょう》の窟《いわや》における修行も伝えられている（『扶桑略記』）。しかし、笙の窟は山上ヶ岳よりやや南下した大峰の深部に近く、これも同時代の事実とはみなしがたい。

いっぽう一〇世紀には、宇多《うだ》天皇が吉野に行幸した。こうした出来事を通じて金峰山では寺院組織が整備され、所領の獲得が進んで安定的な運営を実現できるようになる。中国で成立した「義楚六帖《ぎそろくじょう》」には、このころの金峰山について「大小の寺数百」とその繁栄ぶりが記されている。その名声は、すでに大陸にまで及んでいた。しかし、これらの発展はいずれも吉野山に集中していたと見るべきであろう。

ようやく平安時代中期になると、山上ヶ岳にも常設の建物や護摩壇が設置されたようである。宮家準氏が指摘するように、『法華経』を受持する山林修行者の伝を多く載せる『法華験記《ほっけげんき》』（一一世紀初頭成立）には、義睿《ぎえい》や長円《ちょうえん》といった修行者が回峰の経路を探りながら、のちに大峰最高の聖地とされた深仙《じんぜん》あたりに至る説話が見えている。この説話の成立するころ、ようやく奥駆道の原型がはっきりと形成されてきたのであろう。寛弘四（一〇〇七）年には藤原道長《みちなが》が写経や奉納品をたずさえて金峰山を訪れ、現在の大峰山寺付近に埋経を行った。これも、ベースキャンプや登山ルートの整備が進んだために実現したのであろう。しかし、大峰回峰のルートやポイントが体系的に整理されるには、まだもう少し時間がかかった。

常住者の登場

こうして、一〇世紀を通じてベースキャンプとしての山林寺院の整備が進んでゆく。すると一一世紀にはここを拠点として、古代の山林修行者の系譜を引きつつも、自然環境が厳しさを増す厳冬期を含め通年を山上で過ごす修行者の活動が目立つようになる。しかも彼らは集団化し、堂衆《どうしゅう》・禅衆《ぜんしゅう》と呼ばれるようになる。延暦寺や高野山など生活環境が厳しく、あるいは都への出仕が難しい山林寺院では、平安時代中期ごろまでは山上に常住者はまれで、堂塔の管理が行き届かなくなっていた。しかし、常住者たちは施設を管理しつつ通年を山上で過ごし、苦行や実践行にいそしむようになる。彼らはまた、山籠者・久住者《くじゅうしゃ》とも呼ばれた。その一部が、やがて堂衆層を形成していったのである。衣川仁氏によれば、延暦寺では一一世紀末ごろから根本中堂に所属する「中堂衆《ちゅうどうしゅう》」の活動が現れるが、彼らは別に「中堂久住者」とも呼ばれていた。ここでは、高野山における祈親《きしん》という山林修行者を例として、常住者の活動を具体的に見てみたい。

祈親上人こと定誉《じょうよ》は、つねに両親の後生を祈り『法華経』を読誦していたことから「祈親持経」と称されたという。もと興福寺僧であったというが、あるとき長谷寺《はせでら》に参籠して観音に祈請したところ、夢告があって高野山に籠ることになった。ところが、このころ高野山では紀伊国司の非法によって領地が掠め取られ、山上が疲弊していた。そこで長保三（一〇〇一）年から長和五（一〇一六）年までの約一五年間、山上にいた常住僧らは他寺他山や洛中洛外を転々としたのち、高野山の裾野にある天野神宮寺山王院《さんのういん》を住所として頼りにしていたという。

高野山の場合、この天野社《あまのしゃ》がベースキャンプとみなされよう。山籠常住僧らは、このとき夏安居のあいだは山上に籠っていたものの、極寒深雪の時期は山王院に住んでいたのである。そこで高野山にいたった定誉は深く住山の志を励まし、寒さを忍んで常住を復活させた。静かな環境の中で仏法の興隆と衆生救済を祈るうちに、学僧らもまた常住するようになったという。そこで寛仁四（一〇二〇）年には同行とともに、空海を祀った御影堂において彼岸会《ひがんえ》を始めた。これ以降、この山の仏法は再興したという。定誉はのち、永承二（一〇四七）年に没した（『高野山勧発信心集』）。

一一世紀初頭に高野山上が荒廃した直接の原因は、国司の非法によるものであったという。それでも、ここに見えるように夏安居の修行はかろうじて可能だったのである。つまり、厳冬期の山籠が容易ではなかったこともまた、常住を妨げる大きな原因であった。このような環境を押して、通年山上に常住しようとする僧侶の一群がこのころ見られるようになったのである。高野山における定誉の事例は、その早い時期のものであった。定誉は山林において『法華経』読誦の修行にいそしむ持経者として、古代の優婆塞・沙弥の系譜を引いていた。またいっぽうで彼は、一一世紀以降見えてくるあらたな山林寺院・山林修行者のパターンのさきがけでもある。

4　山林寺院と里山

里山寺院とはなにか

一一世紀の山林寺院は、深山に進入する修行者のベースキャンプとして発達するとともに、通年を常住者として山上で過ごすひとびとの拠点ともなっていった。ここでいったん個別事例から離れ、このような中世の山林寺院の基本型を考えておこう。すでにいままでの事例からも明らかなように、山林寺院は決して高山に孤立して営まれていたわけではなく、山の裾野や登山路の入り口に位置することが多かった。山林修行者に対する補給基地としての性格を考えれば、これはむしろ当然のことであろう。上川通夫氏が指摘するように、山林寺院の多くは村里と関係を持って営まれていた。ひとの生活領域との密接なつながりは、山林寺院の成立要件として外すことができない。また山林寺院は、現在の県庁にあたるような一国の国衙《こくが》との関係がうかがわれる場合もある。つまり、ときには政治的保護を加えられ、また国家的な宗教行事を担う役割も期待されていたのである。

このような理由から、上川氏や上原真人氏らは、「山岳寺院」という「人里離れた孤絶の修行空間を想定しがちな用語」を避けて「山林寺院」という呼称を採用しており、本書も基本的にこの考え方に従っている。ここまでくると、中世の山林寺院が立地するエリアは、まさに里山に他ならないことに思いいたる読者もいるのではないか。それはまことに鋭い勘であり、筆者もまた中世の山林寺院を「里山寺院」と呼んでも差し支えないと考えている。だがこの際、「里山」ということばを慌てて使うことには、少し慎重になっておきたい。

今日、「里山」をめぐる言説はちまたに溢れ、これをベースとした社会的実践はブームともなって急激に一般化している。しかし、「里山」がことばとして一般に認知されるようになったのはせいぜい一九八〇年代末以降のことに過ぎない。そこに秘められたさまざまな問題が広く社会的に認知されるようになったのは、さらにバブル経済もすっかりはじけた二〇〇〇年ごろからのことなのである。このように、「里山」が社会的に認知されてきたのが比較的最近の出来事であることも手伝って、一歩引いた立場から冷静に「里山」を見つめようとする試みは意外に立ち遅れている。そこで日本史の分野でも、おおくの研究者が環境史研究に着手し、問題が整理されてきた。それにつれて、里山寺院論にも大きな可能性が生まれようとしている。

水野章二氏は、先行して示されてきた里山の理解について整理し、里人の生活に役立つ日常的な産物利用により改変された里に近い山であり、隣接する中山間地の水田・溜め池・用水路や茅場《かやば》なども含めた景観であることを重視している。つまり里山は、単に自然環境の一部であるばかりではなく、人にとっての用益性こそが重要なのであり、その意味では社会環境とも深く関わっている。このように、近年では自然と社会の関係から里山を考えることが一般的になってきた。これに、寺院や宗教という要素を加えることにより、人文環境としての里山宗教論を構築することができるだろう。中世における里山の自然、村里・国衙との関係、そして山林寺院を複合的に論じることで、自然・社会・人文が一体となった里山の姿が見えてくるに違いない。

水野氏によれば、里山はもと「後山《うしろやま》」「向山《むかいやま》」などと呼ばれ、一三世紀の終わりごろ「里寺」、一五世紀のはじめに「里山」の語が登場するという。つまり、いまに直接続く「里山」の姿がようやく現れてくるのは、中世でもあとのほうの時期なのである。ところが一般には、里山が原始以来日本文化の基調をなし、自然と調和した循環的な日本の伝統社会を支えてきたとする、発想方法としては、すでに第一章で触れた基層信仰論と通底するような超歴史的な言説も目につく。たとえば神社の境内林、いわゆる「鎮守《ちんじゅ》の森」が千古以来変わらず里山の景観を守ったという説などは、この方向に沿ってさかんに述べられてきた。ところが畔上直樹氏らが明らかにしつつあるように、鎮守の森の多くが、じつは近代に作られた人工林であるという。

前近代のひとびとは、里山を通じてつねに自然との循環的調和を実現していたわけではない。むしろぎゃくに、資源の収奪により里山を荒廃させてきた事例も多く知られている。このような里山を舞台に展開した山の宗教もまた、自然と社会のあいだに立って、ときには両者の調和を取り結ぶこともあれば、また環境に負荷をかけることもあったはずである。このような歴史的実態を理解するために、つぎにふたたび個別の山林寺院を取り上げてみよう。

近江葛川明王院行者の集団化

近江（滋賀県）の葛川《かつらがわ》明王院《みょうおういん》は、延暦寺僧であり山林修行者でもあった相応《そうおう》によって、貞観元（八五九）年に開かれた。それ以来、多くの修行者が相応を慕い、彼が不動明である。

王を感得したという三の瀧や地主神である思古淵《しこぶち》明神に信心を寄せてきたであろう。しかしかし、その実態はじつのところあまり分かっていない。一〇世紀には、山林修行者らの活動は葛川においてもいまだ組織化されておらず、臨時的・一回的なものに留まっていたのでそれでも一一世紀に成立した『新猿楽記《しんさるがくき》』などには、諸山のひとつに葛川が挙げられ、山林修行の場としてすでによく知れわたっていた。一二世紀に入るとようやく修行者の組織が現れ、中世の山林寺院として発展し始める。現在本堂に祀られる千手観音・不動明王・毘沙門天《びしやもんてん》の三尊はこのころ製作され、また修行者が参籠のしるしに残す参籠札は、元久元（一二〇四）年のものを最古とする。

さらに、明王院に伝わる古文書を見てみると、永久五（一一一七）年に僧某が田地を売却した記録がもっとも古い。このころから、周囲の田地を所有するような常住の僧が葛川に現れたことになる。彼らが寺院組織を維持してゆくために保管していた文書が蓄積されて、現在の『葛川明王院文書』という文書群に発展したのである。つまり、いまに文書群が伝来している事実そのものが、それらを保存活用してゆくような山林修行者集団の継続的で安定した活動の開始を示している。長谷川裕峰氏によれば、葛川明王院における「行者中《ぎようじやじゆう》」の成立、つまり修行者がはっきり集団化するのは一三世紀以降のことであるとい

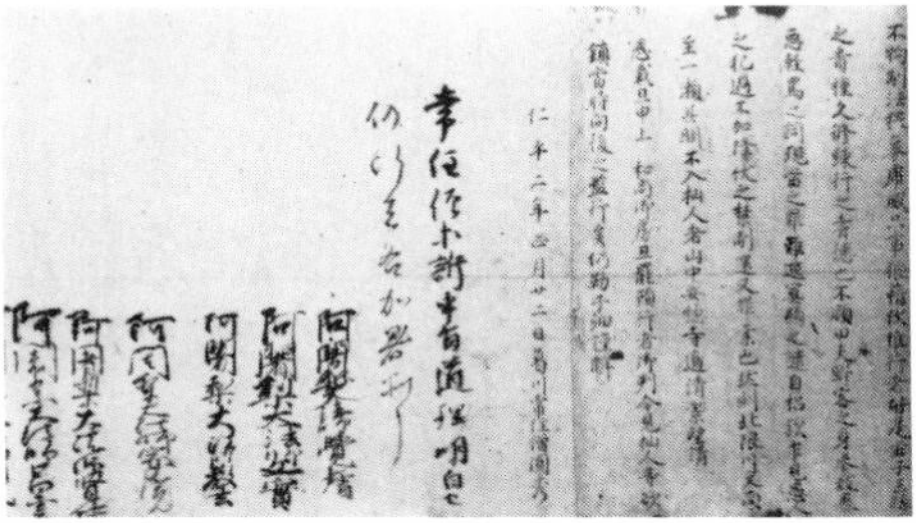

行者らが署名した葛川常住僧の訴え
『葛川明王院文書』

う。しかし、ゆるやかな集団化はすでに院政期から始まっていたと筆者は考えている。

このような山林修行者の集団的組織とは、どのようなものだったのだろうか。また、彼らはだれに対してどのような行動や主張をするために、このような集団となっていったのだろうか。一二世紀なかごろの仁平二（一一五二）年、周辺地域との軋轢に耐えかねた僧常円《じょうえん》は、葛川常住僧を代表して行者らに対し、以下のように住民らの非法を訴えた。

右、当山は、有験《うげん》の霊窟、無縁の浄域なり。きわめて貧道《ひんどう》たるにより、本寺に忘れらるるが如し。もし行者の御憐《ごりん》にあらざるよりは、常住の修治者、いかでか仏法を伝持し、堂舎を保護すべきや。ここにおいて、専寺の辺畔《へんぱん》には万木茂盛す。往昔の当初、世は朴にして民は淳なるの時、あるいは住僧に触れ請い、あるいは邑老《ゆうろう》に相語りて、あらあら杣造《そまづくり》を企て、偸《ひそ》かに材木を出すと云々《うんぬん》。

霊場葛川は浄域であるが、寺院としてはきわめて貧しかった。つまり自力での経営は困難を極め、本寺である延暦寺無動寺《むどうじ》の支援もほとんど期待できなかったのである。これは、同時代のほとんどの山林寺院に共通した状況であった。そこで葛川常住僧は、この地に往来する山林修行者にベースキャンプとしての便宜を提供し、彼らから一定の経済的支援を期待したのである。この相互関係によってなんとか宗教的権威が保たれた結果、周囲には万木が茂って山林修行の環境を整えることができていた。周辺住民もこの環境を尊重し、住僧や村の長老に相談しながら杣（伐採用の人工林）を作り、わずかに材木を切り出していたのである。

ところが近年、次のような住民の非法行為が目立ってきた。

しかるに近年以来、隣境の山木切り尽すの後、十方の杣人《そまびと》等四至内に闌入《らんにゅう》し、結界の地を怖れず、ややもすれば行者を蔑み、霊験の砌《みぎり》を侵黷《しんとく》し、ひとえに私領の如し。なかんずくこの山の習《ならわし》、木樒《もくみつ》尽る時、土樒花を摘み、閼伽《あか》に備うるところなり。しかるに今、杣人の宿住するや、制法に拘らず、みだりに虎威《こい》を募り、ただ狼藉を事とす。伏して惟《おも》んみるに、行者は皆これ君子王孫の貴種、久修練行《くしゅれんぎょう》の耆徳《きとく》なり。田夫野《でんぶや》客《かく》の身を顧みず、暴悪軽罵《ぼうあくけいば》の詞《ことば》を致し奉らば、現当の罪は逃れ難く、冥顕《みょうけん》の譴《けん》自ら招くか。愚人の犯過を見ながら、降伏《ごうぶく》の禁制を加えざるは、還りてまた罪業なり。しかればすなわち、北は川交を限り、南は一瀬に至る。その間、杣人を入れずんば、山中は安穏にして、寺辺は清潔ならん。望み請うらくは恩裁、かつは和尚御房に申し上げ、かつは行者の御判を罷《まか》り預かりて、杣人等に見せしめ、当時向後の濫行《らんぎょう》を鎮めんと欲す。よって子細を勒《ろく》して、謹んで解す。

最近になって隣境の山木を切りつくした結果、あちらこちらの杣人（きこり）が明王院の四方の境界内にまで進入してきたという。森林を乱開発した結果、周辺住民に加えて領域外からも明王院の境内林を侵食し、さらに実効支配まで企ててきたのである。このままでは住民らとの安定的な関係は崩れ、山林修行の環境も修行者の宗教的権威も地に落ちてしまう。そこで常住僧らは、貴種であり「久修練行」の徳行を長く積んできた行者らに支援を求めた。行者らが南北の境界を再確認して境内林の開発を食い止め、山中安穏・寺辺清潔となるように彼らは訴えたのである。

以上は、あくまで葛川常住僧の立場から述べられた主張であり、住民側の開発行為を極端に不当なもののように描いている。とはいえ、平安時代になってだんだんに森林開発が進み、従来の宗教活動の境界に迫っていたことはたしかであった。ここからも、中世の山林寺院は決して深山に孤立して営まれていたのではなく、住民の日常生活や生産の場との境界域、まさに里山に成立し、つねに里人との関係調整に腐心していたことが分かる。それは一面では山林寺院にストレスを与えることともなったが、その軋轢を通じて寺院の聖性が改めてあらわとなり、また住民との関係を再構築することによって地域社会の支援を受けることもできるようになってゆく。

行者が形作る里山の宗教的環境

すでに述べたように、一二世紀になると山籠を続けながら堂舎や山林の管理にあたる久住者らの活動がはっきり見えてくる。葛川の場合、彼らは「常住僧」と呼ばれていた。この常住僧らも山林修行者であったが、葛川には彼らを核として、明王院に往来し山林修行に励む行者たちの姿も確認できる。常住僧らは行者の力を借りて明王院の宗教的環境を維持し、住民との関係を再調整しようと試みていたのである。

これに応え、この時には二一人の行者が署判を加えて常住僧の訴えを支持した。その三分の二は、等しく「阿闍梨大法師」という身分を称している。これは、行者組織が全体としては対等な集団であったことを示している。さらに残りの行者は、内供奉《ないぐぶ》や僧綱位を帯びた身分の高い僧侶であった。つまり彼らは、基本的に延暦寺以下の寺院に所属しながら山林修行に励んでいたのである。従来、山林修行者というと寺院社会のありかたに批判的で、体制外に飛び出した諸国遊行の聖や山伏などと考えられてきた。しかし、葛川の行者組織からは、そのような見方がきわめて一面的なものに過ぎなかったことが明らかとなる。

このときの訴えの背景には、明王院周囲の山林が杣として開発されるにつれて、住民の生産領域と葛川行者が修行する宗教的領域がだんだんに交わってゆく実態があった。ここには、自然の中に人が交わり、生産を行ういっぽう宗教的軋轢を生む、という中世の里山寺院をめぐる環境のプロトタイプがあらわになっている。これ以降、明王院は周囲の杣人とくりかえし相論を続けることになった。その具体的状況については、のちにふたたび触れることになるだろう。明王院側はこの際、「浄域」なる寺域の守護者であることをさかんに強調してゆく。しかし、このように山林修行に適した環境を保全しようとする寺院側の営みを、一方的に正当化することはできない。彼らの宗教的な用益権の主張は、しょせん住民側の経済的な用益権のカウンターパートに過ぎないからである。このような、常住僧を核とした行者たちの組織的な宗教活動と、住民の生産活動とのせめぎあいが、中世における葛川の里山環境を形成していったのである。

豊後六郷山と里山の開発

ここで、さらにこのような中世成立期の里山環境と宗教活動の関係を列島規模で考えるために、都に近く伝統的に生産力も高かった近畿地方から目を転じてみると、同じような里山寺院として豊後《ぶんご》（大分県）の六郷山《ろくごうさん》に目が留まる。六郷山とは、国東《くにさき》半島一帯に展開した寺院の総称であり、伝説では奈良時代に仁聞《にんもん》が開いたとされている。じつは仁聞は、この国東半島の北側の付根に鎮座している宇佐《うさ》神宮の八幡神が、仏道修行のために人間界に転生したものである。仁聞は同行とともに山林修行を実践し、ついに八幡大菩薩となったのであった。第一章で触れた、神身離脱説の典型である。

実際に『続日本紀』には、すでに奈良時代にこの地の修行者が朝廷に賞されたことが見え、古代以来の山林修行の伝統がある。だが他の地域同様、それ以来、山林修行が脈々と受け継がれていたわけではなく、小規模で断続的なものであった。六郷山が実際に山林寺院として成立してくるのは、近江葛川明王院と同じく、やはり平安時代後期のことである。このころには、本寺二八ヵ寺を中心に、本山・中山・末山に三分される六郷満山《ろくごうまんざん》組織が成立していたとされている（「仁安三年六郷二十八山本寺目録」）。しかし、これはより下った時代から回顧されたもので、じつはこれほど大規模で整った組織ではなかったことが分かっている。

それでは、六郷満山の寺々に伝わった古文書には、どのようにリアルに同時代の実態が現れているだろうか。残念ながら葛川明王院の場合と違い、六郷山寺院には中世的な山林寺院の成立を示すような史料がきわめて少ない。つまり同時期の葛川に比べると、六郷山寺院には、いまだ作成された文書を継続的に管理保存するほど組織が発達していなかったということになろう。その中にあって、夷岩屋大力坊《えびすいわやだいりきぼう》には大変貴重な文書群が伝わっている（余瀬《よぜ》文書）。ここではそのうち、さきほどの葛川明王院における常住僧の訴えとほぼ同時期の、長承四（一一三五）年の一通の文書に注目してみよう。

一、六郷御山夷住僧行源《ぎょうげん》解す、申し請う、満山大衆御署判の事

ことに鴻恩を蒙られんことを請う、開発の理に任せて御判を賜り、後代の証験として弟子同法等に請け継がしめ、それぞれの勤めを致し給う、年来私領田畠等子細の状

六郷御山夷石屋下津留《つる》字小柿原《こかきはら》に在り。

四至〈東は限る山　南［は限る］耆闍谷《ぎしゃだに》　西は限る山　北は限る楽善房《らくぜんぼう》中垣〉。

右、彼の石屋の砌は、もと大魔所にして大小樹林繁く、人跡絶うる所なり。而るに行源先年の比を以て、始めて件の石屋に罷り籠るの間、時々微力を励まして、所在の樹木を切り掃い、石木根を崛〔掘〕却し、田畠を開発するの後、今日に至り、全く他の妨げなく耕作し来る所なり。これによりて、所当の地利においては、ひとえに毎年修正月の勤を致し、残る物を以ては己の身命を助け、既に年序を経るなりてえれば、開発の理に任せて御判を賜り、後代の証験に擬せんがために、子細を注して以て解す。

このとき六郷山夷（岩屋）の僧行源は、自身が岩屋の周辺に開発した田畠の権利を保障し、弟子らに譲ることを認めてもらおうとしていた。「石屋」（岩屋）とは、耶馬渓《やばけい》に代表される国東半島の奇岩群の中ほどに、なかば自然に穿《うが》たれた洞窟のことである。たいてい奥行きはそれほど深くなく、里からもほど近い。山林修行者らは雨露をしのいでここに籠り、仏像を祀って祈りを捧げた。のちには入り口に簡単な覆屋《おおいや》が懸けられる場合もあるが、寺院というにはあまりに簡素であった。しかし、これもまた平安時代における山の宗教の実態である。むしろ、葛川よりははるかに小規模で原初的なこのような山林修行者の活動こそ、中世の山林寺院の典型的な姿だった。

岩屋は現在も国東半島のそこかしこに点在し、地域信仰圏の小さな核となっている。な

夷岩屋（大分県豊後高田市六所宮、1995年ごろ）

かには、平安期の摩崖仏《まがいぶつ》や木彫仏を見出すことも珍しくない。それらの多くは「溶《と》け仏《ぼとけ》」「焼け仏」と呼ばれるように、長年の風雪によって朽ち果て、一〇〇〇年に迫る歴史の流れを静かに湛《たた》えて佇んでいる。

岩屋を核とする里山の宗教的開発

行源によれば、この夷岩屋はかつて「大魔所」であった。この表現には、飯沼賢司氏が注目している。大魔所と聞くと、いかにも人跡未踏の恐ろしげな地に感じられるだろう。しかしこの場所は、現代のわれわれから見るとそれほど深山というわけではなく、国東半島に放射状に広がる比較的低い尾根筋に抱かれたV字谷の縁辺に過ぎない。しかし、日本列島の文明化が相当程度進んだ平安時代後期にいたっても、大小の樹林が繁っていて人跡が絶えるところであった未開の山林は、ひとびとにとって、なおときにはこのような感覚を抱かせていたのである。たとえ実際にはひとの生活圏に接し、また本当の意味で人跡未踏ではなかったとしても、その領域に一発目の鍬《くわ》を打ち込むにはやはり相当の勇気が要った。僧としての行源の独特の宗教観や、また自身のゼロからの開発の努力を強調するレトリックが潜んでいることを考慮しても、なお興味深い表現である。

行源は、この岩屋に籠るようになってから微力を励まして樹木を切り払い、石や木の根を掘り去って田畠を開発した。この地から上がる利益によって毎年「修正月之勤」を果たし、わずかな余剰生産物によって自己の身命を助けてきたのである。こうして積み上げてきた自己の努力を、「満山大衆」すなわち六郷山のすべての構成員に対して権利として認めてもらおうと、行源はこのとき申請を行ったのであった。

その構成員とは、本山住僧五人、大先達《だいせんだつ》三人、先達三人以下、他の複数の岩屋の住僧らである。つまり六郷山においては小規模ながら、一二世紀前半には「本山」とそれ以外の岩屋という関係が成立していた。また、山林修行者に特有の大先達・先達といった呼称を持ったひとびとがいたことも分かる。先達とはすなわち、先頭に立って山林の案内役を務めるリーダー格の修行者を指す。六郷満山には、このような指導的な役割を果たす上層部もすでに存在していたのである。そのもとには、行源のような岩屋の住僧が複数いて、相互に署判を加え財産権を認め合うような、対等な横の関係で結ばれていた。

このような岩屋においてもっとも重視されたのは、「修正月之勤」すなわち修正会《しゅしょうえ》であった。修正会は正月の仏事として、各地の大寺院以下で広く行われた。しかし、一般的な寺院の年中行事としては必ずしもその筆頭に上がるような性格のものではない。ところが、半島全体が里山の様相を呈する国東の寺院においては、谷々に暮らす住民にとって、一年の息災を祈る修正会こそがまずはもっとも重要であった。毎年修正会に参拝したひとびとは、牛玉宝印《ごおうほういん》（護符の一種）や仏壇に供えられた餅を受け、信心を深めていった。修正会開催の義務を果たしていればこそ、行源は岩屋の財産権を主張することもできたのである。

国東半島には、この平安時代以来の修正会を受け継いだ「鬼会《おにえ》」がいまも根づいている。酒に酔った鬼たちは松明《たいまつ》を持って岩屋の中を暴れまわるが、やがて僧侶の加持によって鎮められてゆく。中世の修正会を髣髴させるさまざまの声明や所作は見飽きないが、近年の過疎・高齢化によってその存続は危機的な状況にあるという。国東半島では里山を舞台に、山の宗教をなかだちとして、一〇〇〇年に及ぶ人と自然の交わりの中から文化的環境が形成されてきた。六郷山は、それぞれの地域において核となる岩屋と住民が、互いに相手を抱き取るようにして共生してきた里山寺院の構造の一面をよく示している。

第三章　山の宗教と中世王権

比叡山・大原別所（江文寺）（京都）／白山・加賀馬場（白山比咩神社）（石川）・越前馬場（平泉寺白山神社）（福井）・美濃馬場（長滝白山神社）（岐阜）／柏尾山・大善寺（山梨）／熊野山・熊野三社（和歌山）／葉山・慈恩寺（山形）／金峰山／富士山・実相寺（静岡）

硫黄島の伝安徳天皇墓所

1　院政期社会と山林修行

山林修行者慈円と内乱の時代

不惑の歳を越えて、ぼちぼち五〇歳にもなると、ひとは天命を知るという。このころになると、ふと来し方を振り返ってみたくなるのも、また古今に変わらぬひとの習いというべきか。しかし、慈円《じえん》の場合はその思いもひとしおであったろう。彼が生まれた翌保元元（一一五六）年、鳥羽《とば》法皇の崩御《ほうぎょ》とともに保元《ほうげん》の乱が勃発した。ようやく物心ついた平治元（一一五九）年、不吉な余韻もさめやらぬまま、こんどは平治《へいじ》の乱が起こって平清盛《たいらのきよもり》が覇権を握る。その平氏政権の、またたくまの盛衰を経て東国に武家政権が成立し、さらに奥州合戦によって四代の栄華を誇った平泉《ひらいずみ》藤原氏が滅亡した。この時代を生きた多くのひとびとにとって、保元の乱こそは「現代」のはじまりであった。慈円が振り返るべき人生五〇年もまた、この事件にはじまる内乱の歴史に他ならない。

五〇歳になった慈円は、ある書物の中で青春時代を回顧している。その夏、彼は京都大《おお》原《はら》の江《え》文《ぶみ》寺《じ》に籠って『法華経』を暗誦する修行に励んでいた（『法華別帖』）。季節が夏であったことを考えると、すでに述べたように山林修行者にとっては夏安居の時期にあたる。また大原は、多くの遁世《とんせ》者や山林修行者が集う比叡山北麓の山里でもあった。慈円もそのひとりとしてこの地に籠り、法華経修行に集中的に没入したのだろう。彼はこうした場に身を置き、みずからも山林修行者として行動することにより、血筋によって約束された貴族僧としての出世コースに背を向けようとしていたのである。同じころ、法然《ほうねん》がひそかに専修念仏《せんじゆねんぶつ》の信心を内に宿し、まもなく源頼朝《みなもとのよりとも》が伊豆で挙兵することを、このときの若き慈円はまだ知らない。

それから三〇年のあいだ、世の激しい移り変わりとともに身辺にも多くの出来事があったが、彼はけっきょく出世コースを上り詰めることになった。法華経修行はずっと続けていたものの、五〇歳になったころには実践修行からも遠ざかり、『法華経』全体の暗誦はもはやできなくなっていた。そのかわり、密教をベースとした儀礼や学問の面からの『法華経』理解は深まってゆく。このころ神仏からの夢想の啓示をさかんに受けたりするようになり、最初に山林修行者として法華経修行を始めてからの「三十」(年)という数字に、慈円は特別な意味を見出してゆく。山の宗教の主役として生きる道は諦めたものの、それでも彼にとってのこの三〇年は、たしかに宗教者としての自覚によって貫かれていた。ところが客観的に見れば、やはり摂関家の貴公子としての血筋もあって内乱期社会に翻弄され、山林修行を放棄するという決定的な人生の転向を余儀なくされてもいたのである。

本書ではいままで、山の宗教の舞台となった山林寺院や、そこで活動する修行者と社会との密接な関係を意識してきた。慈円ほどドラマティックな形ではなくとも、この時期の山林修行者もまた、内乱状況、さらには院政の進展や院政期社会の構造の中で、やはりさまざまに時代の影響を受けながらあらたな山の宗教の形を模索していたのである。このように、政治制度や社会構造と関連づけながら山の宗教のあらたな動向と実態を探ってゆくことは、従来から広く共有されてきた、社会から孤立した孤高の山林修行者のイメージをことさら否定する作業であるかのように思われるかもしれない。しかし本章では、そのようないままでのイメージが、そもそもどうして形成されてきたのかにも留意しながら、院政期社会の構造を全体から捉えることの意味を通じて、この時期の山の宗教を考えてみたい。

敗者と勝者の社会

この問題を取り上げるために、やはり保元の乱から出発し、まずこの時期の政治的な動きを簡単に理解しておくことが必要である。当時、摂関家は慈円の父、藤原忠通《ただみち》とその異母弟頼長《よりなが》の対立が深刻となっていた。兄弟の父忠実《ただざね》は忠通をおさえて頼長を寵愛し、忠通の立場は芳《かんば》しくなかった。天皇家では、当時の最高権力者であった治天《ちてん》の君《きみ》、鳥羽院が崇《す》徳《とく》天皇を位から降ろし、崇徳とは別腹の近衛《このえ》天皇を擁立した。さらに近衛の早逝後も、崇徳と同腹の後白河《ごしらかわ》天皇を立てる。崇徳にも皇子がいるにもかかわらず、その即位が認められなかったことは、もちろん彼の皇統が否定されたことを意味する。

これらの骨肉の争いに、白河院以来武力をもって院政を支え台頭してきた源氏・平氏の武士たちの暗闘が絡む。鳥羽院は、これらの危ういバランスをコントロールしてきたが、ついにその崩御によっていっきょに均衡が崩れ、乱が勃発した。さまざまなレベルで朝廷を二分した争乱であったから、結果として勝者と敗者ははっきりと明暗を分けることになる。これ以後、治承寿永《じしょうじゅえい》の内乱終結にいたるまでの過程で、さらにつぎつぎと敗者が生まれ、彼らは政治や社会の周縁へと追いやられていった。

このような時代状況の中、慈円はからくも保元の乱で勝利した側の忠通の息男として、同母兄九条兼実《くじょうかねざね》の庇護のもと成長する。この兄弟は父から愛され、兼実は摂関家の相続を許されるべき立場として九条家を発展させようとする。しかし、兼実の異母兄基実《もとざね》は藤原道長以来の嫡流を継ぐ近衛家の当主としてその前に立ちはだかり、さらにその子基通《もとみち》は平氏や後白河院との関係も良好であった。そこで、兼実は長らく右大臣の地位に留め置かれ、朝廷を領導する左大臣や摂関の地位に就くことができなかった。慈円のほうは鳥羽院皇子覚快法親王《かくかいほっしんのう》の弟子となり、やがては天台宗の青蓮院門跡《しょうれんいんもんぜき》を継承すべく、着々と貴族僧への道が用意されていった。ところが慈円が山林修行に身を投じてしまったことは、さきに述べたとおりである。一時は遁世の体をさえ取ることによって、家を守ろうとする同母兄兼実をおおいに手こずらせた。のちに貴族僧の道を歩むようになっても、慈円は「法壇の猛将」と讃えられ、密教の修法によっておおいに法験を顕わした。あるいはこのような天性の宗教的能力の自覚が、一時期の遁世や山林修行への志向を強めたのかもしれない。若く柔軟な宗教的感性を持ち、山林修行者のひとりとして生きた経験は、終生慈円の思想と行動を規定することになった。この時期、山の宗教の世界にわだかまっていた多くの敗者を、慈円は目の当たりにしていたのである。

山林と敗者の向かう世界

遁世していた時期の慈円は、多くを京都盆地の縁辺に位置する西山《にしやま》で過ごしていた。ここも洛北大原と同様、遁世僧の多く集まる場所となってゆく。慈円自身は、その一角にある善峰寺《よしみねでら》に隠棲していた。山と言ってももとよりそれほどの高山ではなく、むしろ西山は都市京都に接した里山エリアの一部である。同じく都の周縁部には、このように遁世の宗教者が集う場がいくつも形成されていった。それらの多くは、大寺院とゆるやかな関係を持ちながらも独自の宗教活動を行う「別所《べっしょ》」となってゆく。別所にはしばしば僧侶以外にも、教化に与ろうとするひとびとが多く訪れた。また、院政期以来の騒乱によって行き場を失った多くのひとびとも、ときに山林寺院としての性格を顕著に持った別所に集うようになる。

ここで、山の宗教と敗者の関係から注目してみたいのは、『平家物語《へいけものがたり》』「康頼祝言《やすよりのっと》」（巻二）の説話である。ヘゲモニーを握った平清盛を排除すべく、安元三（一一七七）年に行われた「鹿《しし》ヶ谷《たに》の謀議」が発覚すると、後白河院近臣の西光《さいこう》らは死罪、俊寛《しゅんかん》・藤原成経《なりつね》・同康頼らは鬼界《きかい》が島（鹿児島県硫黄島《いおうじま》）に流罪になった。すると、以前から熊野神に信心のあった成経・康頼は「この島のうちに、熊野の三所権現を勧請し奉って、帰洛の事を祈り申そうではないか」と言い、島のうちを巡って景勝の地を見つける。ここに本宮《ほんぐう》・新宮《しんぐう》・那《な》智《ち》や数々の王子社を祀り、帰京を祈るために、康頼が先達となって成経を連れて毎日巡礼のまねごとをしていたという。けっきょく、その利益によってか二人は赦免され、帰京を果たす。しかし、熊野神の勧請に付き合わなかった俊寛はこの地に取り残された。

康頼らは、なぜことさらに熊野の神を選び、帰京を願ったのだろうか。一般に神々は清浄を第一とすべきところ、熊野神は不浄を嫌わず衆生を救済する神として知られる。時代は下るが、説経節《せっきょうぶし》で有名な小栗判官《おぐりはんがん》は、敗残ののち病を得て異形の餓鬼阿弥《がきあみ》となりながらも、照手《てるて》姫《ひめ》の力を借りながら熊野詣を果たして再生する。このように、不浄なものや罪を得たものを受け入れる包容力が熊野山の特徴であった。そのような山林の性格を持った熊野に、院政期から鎌倉時代にかけては、歴代の上皇や貴族たちもまた頻繁に参詣していた。若き日の慈円が参籠した大原は延暦寺の別所であったが、ここもまた、広い意味で山林寺院の性格を持っていたのである。その大原にのちに身を寄せたひとりが、平氏一門の生き残りであり、安徳天皇の生母であった建礼門院《けんれいもんいん》であった。なお、硫黄島には「伝安徳《あんとく》天皇墓所」や平家落人の「平家墓」も残されている（本章扉参照）。石塔の特徴などから見ても、もちろん伝承に過ぎないが、このような敗残のひとびとを受け入れてきたのがこの硫黄島であった。こうしたひとびとの思いが、山林としての熊野へと寄せられていったのである。

中心と周縁

筆者は別の機会に、慈円をめぐる宗教構造を中心と周縁という形で整理してみたことがある。筆者自身はこの着想を、山口昌男《やまぐちまさお》から得た。山口の中心周縁概念は、日本中世史の分野でも何人かの研究者が活用している。ここではあらためて、院政期社会の展開とあらたな山の宗教の動向に沿って、この概念に触れてみたい。

院政期社会とは、古代末期において価値観が動揺し、「末法《まっぽう》」の世つまり終末論的な考え方が社会を覆った時代であった。だがいっぽう、流動的な社会の中であらたな文化や宗教の胎動が感じられ、末法観を克服し、あるいは無化してしまうような思想も生まれてくる。さらに院政期には、山林における苦行や、おびただしい数の念仏・写経などを実践することもいっそうさかんになる。そうかと思えば、本覚《ほんがく》思想のように凡夫の姿がそのまま仏であり、修行は一切不要であるとする考え方も登場する。宗教界において、このように反対方向の思想や実践が同時に生まれてくるのもまた、流動化した院政期社会の特徴と無関係ではない。宗教社会においても、さまざまな局面で両極化・分節化が加速し、宗教組織や集団もまた分裂の危機をはらんでいた。

このような実態があったうえで、それでもなお院政期が、かろうじて時代としての一体性を保っていたのはなぜだろうか。山口の中心周縁論は、絶対的・全体的なものは、かならず両義性をまとうことを基調としている。流動的な社会を統合しようとする院の絶対的・専制的な権力構造は、さきにも触れたように必然的に勝者と敗者を生んでゆく。そこで追いやられた敗者がたどり着く先こそ、周縁的世界であった。

周縁はつねに過渡的な性格を持ち、よそ者（アウトサイダー）や貧民・被差別民などに代表される。しかし、社会の全体性を獲得するためにはそれらの存在を認知し、混沌の状況をもみずからのシステムの内側にとり入れることが重要である。いっぽうでは片隅に追いやりながらも、それを文化の全体性の部分として保持しておかなければならない、と山口は述べている。こうして、中心と周縁の一体性・循環性が重視されることになるのである。学解《がくげ》を中心とする再編が進んだ院政期の寺院社会においては、山林修行などの実践はいったん周縁化される。本書でいままで述べてきたことからしても、山の宗教の世界やそこで活躍するひとびとは、実際には必ずしも僧侶としての身分が低かったり被差別的な扱いを受けた宗教者ばかりだったわけではない。また、山の宗教は実態としてはけっして社会から孤立してもいなかった。それでも観念や言説のレベルでは、孤立や排除、遁世のイメージを山の宗教がまとうことには、中心周縁概念からみればそれなりの必然性があった。したがって、院政期社会論に山の宗教というファクターを加え、権力や制度と双方向的に論じることは、この時期の全体を俯瞰するうえできわめて効果的なのである。

2 鳥羽院政の宗教政策

鳥羽院政期への注目

応徳三（一〇八六）年、白河《しらかわ》天皇が幼帝堀河《ほりかわ》天皇に譲位することにより上皇となり、院政が本格的に開始する。堀河天皇はやがて成人するものの、急逝によりふたたびその皇子が幼帝として即位、これが鳥羽天皇である。白河院は引き続き、孫皇を後見して政務を執る。やがて成長した鳥羽は崇徳天皇に皇位を譲って上皇となるが、鳥羽院政期は、実質的には白河法皇崩御の大治四(一一二九)年から始まり、鳥羽の崩御(保元元、一一五六年)まで続く。このように、鳥羽上皇はしばらく白河院政下にあって、白河の崩御後も、体制の上でも政策的にも多くを白河院から継承した。そこで、院政・鎌倉時代の成立に道を開いた個性として特記されがちな白河・後白河両院のはざまにあって、過渡的な存在とみなされることもあり、鳥羽院政を独自に論ずることは必ずしも活発とは言いがたい。しかし宗教史の立場から見ると、鳥羽院政期において強訴をはじめとする宗教勢力の起こした事件は、じつは枚挙にいとまがない。しかもこれには、しばしば山の宗教が大きく関係していた。

鳥羽天皇肖像

『天子摂関御影』天子巻

鳥羽院政期には、地方に成立してきた様々な霊山が、中央の大寺社との間で本末《ほんまつ》関係を結ぶようになってくる。白河院政期に始まる寺院の強訴は、鳥羽院政期にさらに激化してゆくが、それらの多くは、最初はこのような霊山に営まれた地方寺社で起こった小さな紛争に過ぎなかった。ところがこれが中央に持ち込まれ、権門寺社を巻き込んで大きな騒乱に発展してゆく。鳥羽院の宗教政策の特徴のひとつとして、院がこのようにして発展してきた地方寺社や山林寺院の保護に積極的に乗り出したことが挙げられる。筆者はこのような動向を、列島の周縁に成立した宗教勢力を、中心にあって広い意味での政治体制の内部に院が取り込もうとしてゆく過程と理解している。地方寺社から中央権門への積極的な働きかけと、院による地方寺社の保護とは、じつは一体化した動きであった。つぎに、この点を事例を挙げて具体的に考えてみよう。

美濃馬場（岐阜県郡上市長滝白山神社）

加賀白山の動向

ここで興味深いのが、加賀《かが》（石川県）の白山《はくさん》である。白山は平安時代初期に、天台僧の泰澄《たいちょう》によって開かれたと伝えられ（最近は異説もある）、三つの国境にそびえる霊山であった。その登山口は、加賀のほかに越前《えちぜん》（福井県）・美濃《みの》（岐阜県）にも設けられて、「馬場《ばんば》」と称されている。いまもそれぞれの馬場は、古くからの山林寺院の趣を残すが、なかでも美濃馬場は、現在の大都市や主要交通路からやや離れたところに位置し、かつての面影をもっとも髣髴させる。筆者がここから白山の方角を望んだときには、車道の果てに、山頂に続くひとすじの登山道が見えるかのように感じられたものである。

院政期には、白山でも種々の騒動が起こり、やがてその紛争が中央に飛び火した。まず院政がはじまる少し前の長久三（一〇四二）年、越前室悪僧良勢《あくそうりようせい》と加賀室行人《ぎようにん》との間に衝突事件が起きた。おそらくこの少し前から、それぞれの国へと延びる白山の裾野に、のちの馬場へとつながる「室《むろ》」が形成されてきた。室とは山林修行者が参籠するために作られた、山小屋のような簡易な宿泊施設である。これもまたベースキャンプとして、中世の山林寺院に共通の性格を持っていた。これらの施設が恒常的に運営されてゆくということは、白山にもそれを核とした山林修行者のなんらかの組織が成立したことを示している。それぞれの室を拠点として生まれたこのような組織が、まもなく成長して白山の覇権をめぐり、闘争を始めたのであろう。

この衝突によって加賀室はいったん荒廃したが、のちにまた五堂三宇が造立され、六月には夏安居のために結集した「夏衆」が不断法華経（読誦）・法華八講を勤行するようになる。このころから、中央の記録にも徐々に白山の動きが見えてくる。治暦四（一〇六八）年、加賀国白山社神殿および御体（神体）が焼失したことにより、新造が行われた（『続《ぞく》左《さ》丞抄《じょうしょう》』巻二)。院権力が、早くも地方霊山であった白山を注視していた徴候と見ることができよう。

甲斐柏尾山経塚の造営

それでは、地方霊山における宗教活動は、どのようなシステムを通じて中央に結びついていったのだろうか。この点を考えるために、いったん加賀白山から離れて甲斐《かい》国の事例に目を向けてみよう。甲府盆地東部、現在では扇状地に豊かなぶどう畑を擁し、ワインの産地として有名な甲州《こうしゅう》市勝沼《かつぬま》には、古刹大善寺《こさつだいぜんじ》がある。鎌倉時代の役行者像を伝えるなど、かつては山の宗教の活動も活発であった。行者が大蛇を退治したとの故事により、大蛇に見立てた藤蔓を切り落とす藤切り祭がいまも毎年五月に行われるが、この祭りは山伏問答をはじめとする修験道の行事によって特徴づけられている。この寺は、中世には甲斐の有力豪族である在庁官人三枝《さいぐさ》氏の庇護を受けて、とくに栄えた。

現在では盆地を囲む山々の中腹まで開かれたぶどう畑とともに、人家や道路も大善寺本堂周囲にまでせりあがっている。しかし、がんらいはさらに豊かな山林に囲まれていたであろう。とはいえ裾野はそのまま甲府盆地に続き、やはり中世山林寺院の要件をよく満たしている。その背後の柏尾山《かしおやま》からは、一九六〇年代に一二世紀初頭の経塚《きょうづか》群が発見されている。経塚には、いっぱんに書写した経巻が、経筒（金属製または陶製）に入れて埋納されている。柏尾山経塚から出土した経筒には長文におよぶ銘文があり、康和五（一一〇三）年に寂円《じゃくえん》が埋納したことが知られる。

この銘文によれば、寂円はもと山城国に生まれた俗人であった。ところが、当時としてはすでにかなりの高齢に当たる六三歳のときに出家し、やがて康和二年に甲斐国にやってくる。牧山《まきやま》村米沢寺千手観音の宝前に籠って『法華経』書写を発心し、その念願を満たしたという。そこで同五年三月二四日、この写経を柏尾山寺（大善寺）に属する往生院《おうじょういん》の仏前に伝え渡した。その行程に立ち並ぶ結縁のひとびとは、路頭に隙がないほどであったという。寂円が『法華経』を書写した牧山村は現在の山梨市牧丘町で、大和から分かれた金峰山が祀られる。寂円が書写を行った米沢寺は、おそらくその中腹にある杣口金《かな》桜《ざくら》神社奥社地にあったと推定されている。

柏尾山経塚出土経筒

彼はここから自身の書写した『法華経』を運び出し、輿《こし》に載せて行列を仕立てた。盆地を横切ってパレードのようなことを行い、柏尾山にたどり着いたのではないかと思われる。パレードの距離は二〇キロメートル弱で徒歩半日といったところだろうが、そのうち二時間ほどは、民衆のためにわざわざ行列を止めて結縁の機会を設けたらしい。

四月三日には、往生院主である延暦寺の学僧尭範《ぎょうはん》による経典の講義も行われ、ついに二二日に柏尾山の東、「白山妙理峰」にこの写経を埋納したのであった。これらの事実から、寂円が決して書写埋経を山中でひっそりと終えたわけではなく、この事業の完成を広く地域社会にアピールしていたことが分かる。

筆者は最近、この遺跡の確認発掘調査を一〇年ほど前に行った櫛原功一氏の案内で、現地を訪れることができた。この遺跡は、甲州街道こと国道二〇号線が笹子《ささご》トンネルを抜けて、いよいよ甲府盆地に出ようとするあたりに位置する。大月《おおつき》方面からまっすぐ甲府盆地に向かって西に進み、トンネルのない時代には笹子峠を越えてここに出るルートは、経塚の営まれた時代とほとんど変わりがないのだと思う。このように、柏尾山経塚はあきらかに交通の要衝を意識して造営されている。

この経塚遺跡は、国道からまっすぐ急登して一〇分ほどの場所にあった。かつては白山社が祀られていたであろう頂上から、少し下がった尾根の突端部である。ここから甲府盆地方面を見渡すと、南側には富士山も見えるはずであるが、この日はあいにくの天気で目視できなかった。さらに西に目を移すと、笛吹《ふえふき》市石和《いさわ》の市街地を視界によく捉えることができた。経塚が営まれたころ甲府はまだ開かれておらず、甲斐国府はこの石和あたりに置かれていた。さらにそこから北西に目を転じると、甲斐金峰山が……残念ながらこの位置からは見えなかった。

牧山村米沢寺千手観音堂跡と推定される、杣口金桜神社奥社地

しかし、徐々に天台の色が濃くなりつつあった加賀白山の分霊を祀った峰に立ちながら、国府を挟んで南方には日本を代表する霊山である富士山、そして北方にはやはり天台色に加えて役行者伝説の中心地から分霊した金峰山を間近に意識できるこの空間が、経塚を営む上で決定的に重要な意味を持っていたことを直感することができた。やはり、現地には立ってみるものである。

筆者はこの日のうちに、さらに櫛原氏の案内で写経の行われた現在の杣口金桜神社奥社地にも立つことができた。ここは柏尾山に比べると、盆地から北に入ったさらに山の奥である。寂円が、これから述べるように国衙という政治ルートに通じ、また彼の仏事に民衆の眼を引くような企画性の一面があったにせよ、かつて九〇〇年の昔にこの地で写経を進めていた三年ほどのあいだ、寂円の周囲にはやはり静寂な時間が流れていたことだろう。

山の宗教と二つのシステム

写経を進め、経塚に埋納するまでの一連の仏事の発端は、はるばる西国から下ってきた柏尾山寺とは無縁の僧、しかも有力寺院に属する学僧ではなく老齢になってようやく出家した一介の聖《ひじり》によって作られた。しかしながら、彼の作善《さぜん》行はまもなく柏尾山寺を保護する在地の有力者三枝氏の知るところとなり、その支援を得て盛大に結願の日を迎えることになる。

しかもその写経が埋納された場所は白山妙理の峰と呼ばれ、加賀から白山権現が勧請されていた。このころから、延暦寺と白山の間には本末関係が形づくられていったし、柏尾山の院主が延暦寺僧であったことからしても、この地に白山の神が勧請されていたことは理解しやすい。さきに述べたように、盆地を挟んで北西方には、やはり天台勢力と関係の深い金峰山もすでに勧請されていた。こうしたことから、もと山城の人である寂円が甲斐の地方霊場に足を留めたのも、同時期に形成された地方の山林寺院と、中央の権門寺院たる延暦寺との間に結ばれた本末関係という宗教的システムに便乗してこそ実現したものであろう。

つぎに興味深いのは、銘文に記された結縁者である。その筆頭には、「当時正朝、同時国司藤原朝臣」が挙げられている。正（聖）朝とは直接には当時の堀河天皇を指すが、じつは院政を行っていた白河院の結縁を意味する。さすがにこれは形式的なものであり、実際に院がこの埋経に直接関与していたわけではないであろう。だが、続いて記された当時の国司藤原朝臣（惟実）は、何らかの形での結縁を考えてもよいのではないか。というのは、さらに続けて記された散位《さんい》藤原基清朝□〔臣〕・佐伯景房・権介守清・紀忠末およびこの願文の筆者である正六位上文屋重行《ふんやのしげゆき》らは、いずれも甲斐国衙に関係するような官人クラスの有力者と考えられるからである。

この仏事の「惣行事《そうぎょうじ》」つまりは事実上の総監督をつとめた、散位三枝宿禰《すくね》守定《もりさだ》・同守継《もりつぐ》らもまた同様に国衙在庁官人であり、かつ彼らは先述のように大善寺の外護者《げごしゃ》であった。寂円の活動は三枝氏らを通して国衙に浸透し、さらに国司の知るところとなって一国を挙げた注目を集め、ついには治天の君である白河院を冠してその安穏を祈るまでに発展したのである。ここに、柏尾山経塚が交通路を意識するとともに、盆地を挟んで国衙を視界の中に捉えられる位置にわざわざ造営された空間的意味をあらためて理解することがで

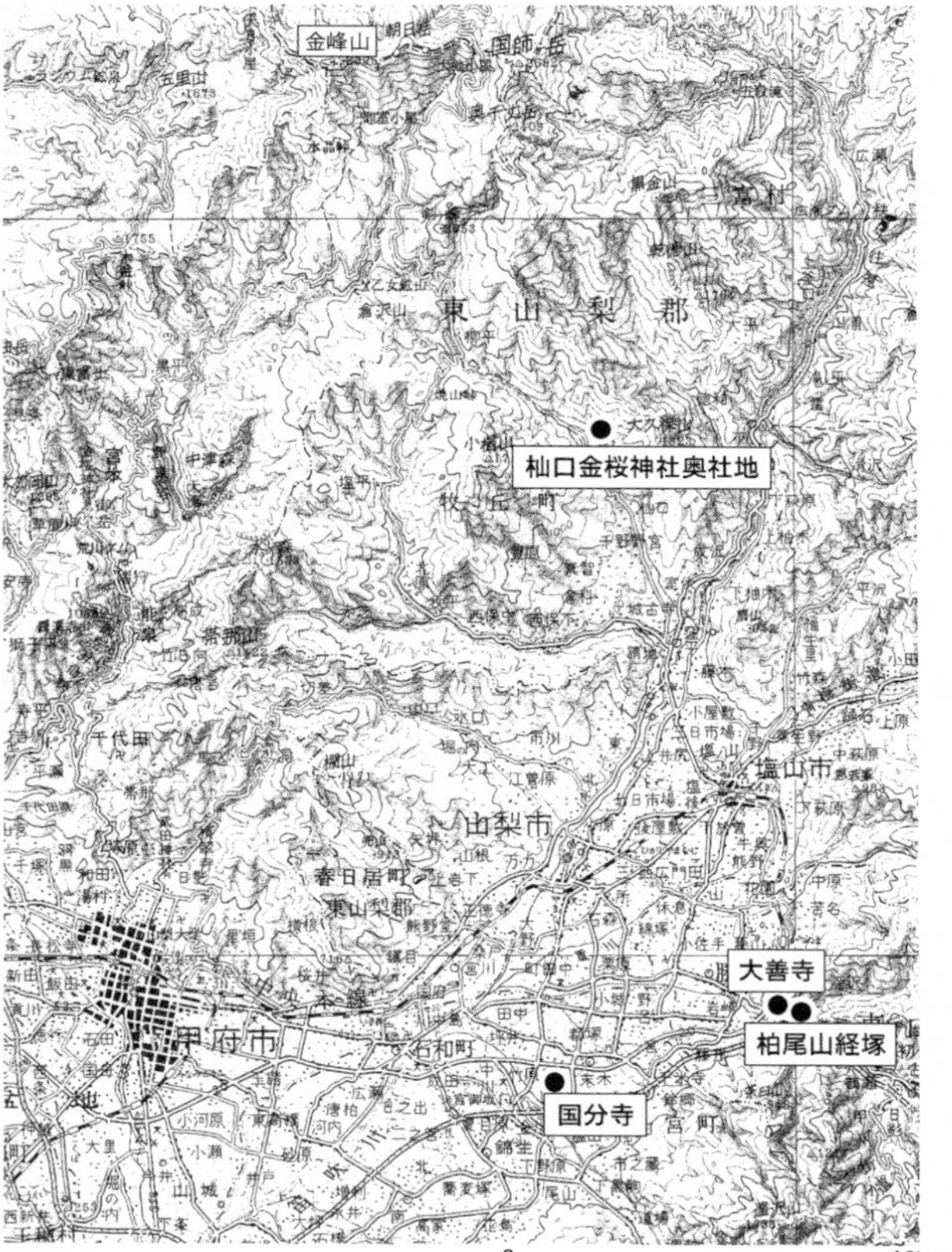

米沢寺（杣口金桜神社奥社地）と柏尾山周辺図

きるだろう。この埋経儀礼の一環として、衆人環視のもと華々しいパレードが行われたことも同様である。さきの宗教的ネットワークに加えて、ここからは地方の霊山が中央の院権力に結節してゆく政治的システムを読み取ることができよう。

院政期白山の強訴

柏尾山寺と比べればはるかに規模が大きく、また第一章でも見たように、平安時代には富士山・立山とともに列島を代表する霊山と目されていた白山の場合、この二つのシステムはさらに複雑かつダイナミックに作用した。大治二（一一二七）年、加賀国が鳥羽上皇の領する分国となると、その近臣となる藤原家成《いえなり》が国司に補任された。同じ年、白山では上道氏実《かみつみちうじざね》が本宮神主職に補任される。その背景には、白河・鳥羽両院の近臣僧であった信縁が深く関与していたことが明らかにされている。

院権力は、近臣を通じて白山神職の補任に介入したのである。氏実の治山が六年に及んだ長承二（一一三三）年、おなじく鳥羽院近臣であった葉室顕頼《はむろあきより》を通じて、白山の長日御供料所として御供田保《ごくでんのほ》（または米丸保）が寄進された。さらに院は、越前馬場平泉寺にも手を伸ばし、ほぼ同時期の大治五（一一三〇）年ごろ、園城寺覚宗《おんじょうじかくしゅう》を検校《けんぎょう》に補した。こうして久安三（一一四七）年四月二八日、加賀白山はけっきょく延暦寺末寺となる（「以上、白山本宮神主職次第」)。延暦寺との本末関係の成立は、院権力が白山に一貫して関与した結果であり、決して当事者同士の自主的な交渉のみによって実現したわけではない。このように、院が地方の山林寺社にまで深く関係を持つことによって、中央権門との本末関係が確立していく場合が多くあった。それと同時に、地方で起こった大小の騒ぎはこの関係を通して、容易に中央に持ち込まれるようになる。当然、院もまた、これらの宗教勢力の深刻な権力闘争に巻き込まれていった。

安元二(一一七六)年、後白河院近臣の関係者で加賀目代《もくだい》(国守の代理人)の藤原師経《もろつね》は、白山神領を焼き払った。その発端は、あるとき国司の庁舎にほど近い白山中宮末寺の涌泉《ゆうせん》寺《じ》の湯屋において、師経の舎人《とねり》(召使)が馬を洗ったことであった。僧徒らは、牛馬を湯で洗うなど先例がないと言って制止したが、舎人らは散々の悪口に及び引き下がらなかったという。そこで、涌泉寺の衆徒は蜂起して目代の馬を痛めつけ、実力で舎人を寺外へ追い出した。これを聞いた師経はおおいに憤り、武士ら数百人の軍勢を引率して涌泉寺に押し寄せ、坊舎を焼き払ってしまったのである。

この事件を取り上げた『源平盛衰記《げんぺいじようすいき》』(『平家物語』の異本)では、国の目代師経と白山末寺の衝突を、寺院の聖なる湯屋で馬を洗うという神仏への冒瀆行為として描いた。だがその背後には、国司の威光を背にして寺院の既得権を侵略しようとする目代の側の政治的な意図も見え隠れしている。ただしこの段階では、いまだ白山の末寺のひとつで起こった両者の小競り合いに過ぎない。

ところが、話はだんだん大きくなってゆく。白山は、配下の八ヵ寺や別宮らの衆徒が一体となり、ついに数百人の大衆《だいしゅ》となって目代の庁舎へ押し寄せた。張本人の師経はさっさと京へ逃げ上っていたので、すでに総勢二千余騎にまで膨れ上がっていた衆徒は国分寺に集合し、さらに本寺延暦寺に訴える。しかし延暦寺は、本社白山ではなくその末寺のことに過ぎないとして、いったんはこの訴えを棄て置いた。

以上が軍記物に描かれた顚末であってみれば、さすがに誇張もあろう。それでもここには、白山信仰を核として広く成立した地域の寺社連合が、実力行使で国司の横暴に対抗し、ついに本寺延暦寺に訴えるという実態的な構造や手続きがよく踏まえられており、物語に効果的に実感を持たせている。このような政治制度や経済構造に支えられながら、院政期の山の宗教は発展していったのである。けっきょくこの翌年、実際に白山の訴えを受け入れた延暦寺は、都においてついに大衆蜂起に突入した。

延暦寺を巻き込む

四月一三日、晴天のなか早朝に比叡山を出発した大衆は、まず洛東の祇陀林寺《ぎだりんじ》に集結した。その叫喚はみやこびとを驚かせ、最初四、五百人であった人数は、やがて二千余人に膨れ上がって内裏に向かい始める。武士らが防御するも制止を聞かず、神輿《しんよ》を先頭に立てて洛中に推し入ると、軍兵につぶてを投げつけた。神仏が大衆を通して、ひとびとに怒りをあらわにした瞬間である。

さらに大衆は、あらかじめ辻ごとに用意しておいた逆茂木《さかもぎ》（防御用の柵）を突き出してきた。兵士たちは少しずつ後退し、ついに大衆は内裏の前に至る。これを弓矢で射払ったところ、それが延暦寺の守護神である日吉社《ひえしゃ》の神輿に当たった。大衆のうち数人や日吉社の下級神官、神輿を担いでいた神人らも傷を受けると、ついに大衆は神輿を棄て置いて比叡山へと帰ってしまった。京中のひとびとは群集し、残された神輿に向かって低頭合掌していたという。この事態は恐るべきことで、末代の世の中とはいえ、このようなことはいまだなかったことであった。

以上の大衆蜂起の顚末は、当時の上級貴族である三条実房《さんじょうさねふさ》の日記『愚昧記《ぐまいき》』に見える。記主実房は実際に見聞した、あるていど確度の高い情報にもとづいて、この記録を残したのだろう。ここに見えるように、朝廷側に立つ武士らの防戦も、禁裏に迫る神輿を完全には制止できなかった。しかし、それは単に両者の武力が拮抗していたためではなく、大衆の背にする神仏の威光を武士が恐れていたからであった。記事には神輿に矢が当たり、僧侶や神官が負傷したことが見える。

ここから読者は、あたかも武士が延暦寺大衆に対して、文字通り「一矢報《いっし》いた」ように思われるかもしれない。しかし、じつはこの事態は、武士によるとんでもなく罰当たりな行為に他ならない。さらに、神輿を放置して大衆が引き上げたことは、決して彼らの敗北を意味しない。むしろぎゃくで、放置された神輿に俗人が触ることは絶対に許されない。ふだんは山に鎮まる神仏が、怒りを露わにして都市に乱入してきたばかりか、しかるべき祭祀も受けられないままに市中に置き去りにされたわけである。これこそ、京都のひとびとがもっとも恐れた、非常事態であった。神輿を囲んでひたすら恭順の気持ちを表すのも、当然である。一日も早く、穏当な作法によって神輿を日吉社に還し、ふたたび神仏を山に鎮めて事態を収拾することがつよく求められた。

けっきょく院は、延暦寺側を納得させるために師経の兄である国司師高《もろたか》らを流罪とせざるを得なかった。ただし、天台座主明雲《みょううん》の責任も問われ、天台一宗を代表して天皇の身体を修法によって守護する、名誉ある護持僧の任を解かれてしまう。この事件によって後白河院と延暦寺との間は険悪となり、ひいてはこれらの寺院をも巻き込んで、この数年後に勃発する治承寿永の内乱（源平合戦）を深刻化させる一因ともなってゆく。地方に発展してきた山の宗教は、ときにより、かくも深く政局に関与していったのである。

鳥羽院と熊野参詣

ここまで院政期における白山の発展を通じて、地方山林寺院と中央大寺社の間の本末関係を、院権力が媒介していたことが分かってきた。そのため、やがては院政の運営にも深刻な矛盾をもたらし、中央における政治のなりゆきにさえ絡む事態を生じさせることになったのである。同じような事態は、紀伊（和歌山県）の熊野社をめぐっても進展していた。寛治四（一〇九〇）年、白河院ははじめて熊野社に御幸《ごこう》する。院はそれまで紀伊国の地方神に過ぎなかったこの神社に、同国二郡五ヵ所百余町の所領を寄進するなど、おおいに振興策を展開する。これ以後、白河院は九回もの熊野詣を行った。続いて治天の君となった鳥羽院の熊野参詣は、さらに多く二一回にも及ぶ。このころ御幸に随行した貴族の一人である源師時《みなもとのもろとき》は、その日記に、院が山伏たちの入峰の作法を見物した様を詳しく記している（『長秋記《ちょうしゅうき》』長承三年二月一日条）。ここから、すでに山伏らの間に入峰の作法が確立していたこと、院がそのような山の宗教儀礼に深く興味を持っていたことがよく分かる。それは、どのようなものであっただろうか。

このとき峰に入ったのは、修験者である宗南房《しゅうなんぼう》である。他の山伏に付き添われて幣帛《へいはく》を奉るときには、院と后の待賢門院《たいけんもんいん》もその場に臨んだ。さらに宗南房が、みそぎのために河原に向かうと、その笈《おい》は他の山伏が運んだという。笈は山林修行の必需品を入れて背中に負う道具で、山伏の象徴でもあった。中には、携帯用に細字で写した小型の経巻や仏像などの仏具、水瓶や縄など山での生活に必要な道具類が入っていたはずだ。これを入峰の儀式の一環として、わざわざ他の山伏に持たせて運ばせたのである。両院もまた、宗南房とともに河原にまで出御《しゅつぎょ》した。やがてこの行者は宝殿を遥拝し、笠を着けると笈を背にし、すみやかに山中へと歩み入った。しばらくして、ほら貝を吹く音が響いたという。

師時はこの記事の最後で、いままで何度かこの入峰の儀式を見たと記している。その際には「負（笈）送」と称して、山伏らがこれを送るということがあったが、今度はそれをしなかった。裏道から河原に笈を届けたのは先例に違うであろう、と不満げに述べている。

「笈送」とは、奉幣から入峰に向かうまでの参道に山伏らが列をなして待機し、行者の笈を順送りにするパフォーマンスなのであろう。院や随行の貴族たちは、ふだん洛中の宮中行事や仏事ではおよそ見られない、山の宗教独自の珍しい儀礼の様子を観覧することを楽しみにしていたのである。

さらに、院が奉幣やみそぎの場にわざわざ臨んだことは、山伏の拝礼と潔斎《けっさい》に参加していることを意味する。ここから、行者の入峰は院の代参の性格も持っていたことが分かる。熊野詣は、院みずからが山林修行をバーチャルに体験するまたとない機会であると同時に、めずらしい宗教行事を見物に行くこともまた楽しみのひとつであった。

このようにして、鳥羽院の熊野社に対する信心はますます深まっていった。すると白河院に続いて、荘園の寄進をさかんに行うようになる。そのひとつが、甲斐国八代荘《やつしろのしょう》であった。さきに、甲府盆地北部には古くから金峰山が祀られていたことに触れた。こうした関係から、院によって立てられた八代荘もまた金峰山信仰と密接に関わり、大峰奥駆道の南の終点にある熊野本宮に寄進されていったと思われる。この荘園は「国郡の妨《さまたげ》」すなわち国司からの干渉を受けない特権を与えられた上、毎年熊野本宮で法華八講を行うために、久安年間(一一四五―五一)、院近臣であった甲斐守藤原顕時《あきとき》によって熊野社に寄進された。院からはわざわざ使者が派遣され、所領の四方に境界が定められている。こうして八代荘は、熊野社の運営を経済的に支える所領のひとつとして、確固たる基盤を築いたかに見えた。

ところが鳥羽院が崩御した後、応保二(一一六二)年になると、甲斐国ではあらたな荘園の停廃について審査が行われた。これは国司の側が、それまで各荘園に与えられていた租税免除の特権などを厳しく審査して、場合によってはあらたに国衙から課税しようと狙ったものであった。

こうして甲斐国司藤原忠重《ただしげ》は八代荘の特権を否定し、ついに熊野社との間で紛争に発展した。このときもっとも法律家たちの頭を悩ませたのは、八代荘の領主である熊野社の祭神と、皇祖神である伊勢神宮は神として同体であるのかどうか、という点であった。そのいかんによって、国司の熊野社に対する実力行使を含む厳しい対処が、果して天皇への謀反にあたるかが、この事件のもっとも重要な争点となったのである（『長寛勘文《ちょうかんかんもん》』）。熊野の神威は、院の崇敬と所領寄進による経済的な躍進によって、ついに王家の権威に準じるとまで考えられるほどに増していったのであった。

鳥羽院と出羽慈恩寺

このように院政期は、白山や熊野といった全国に知られた霊山の発展期でもあった。これらの霊山は院権力の媒介によって中央権門と結びつくと同時に、所領獲得などを通じてさまざまな地方とのネットワークを形成してゆく。こうして中央から辺境の山林寺院や霊場へと向けられた鳥羽院の視線は東国世界を超えて、出羽寒河江《さがえ》（山形県寒河江市）慈恩寺《じおんじ》にまで延びていった。

慈恩寺は、かつて出羽三山の一つに数えられた時期もある葉山《はやま》の裾野に、古代以来続く山林寺院である。平安時代初期に開かれた後、一度衰退した慈恩寺は、鳥羽院により復興された。その仲介役を果たしたのが、願西上人《がんさい》である。院は上人に結縁して慈恩寺を御願《ごがん》寺《じ》とし、本尊として婆羅門僧正《ばらもんそうじょう》将来の弥勒菩薩《みろくぼさつ》赤栴檀《あかせんだん》坐像が本堂に安置されたという（「出羽国村山郡瑞宝山慈恩寺伽藍記」）。

栴檀（白檀《びゃくだん》）は「双葉より芳し」のたとえで知られるが、赤栴檀もまた大陸より輸入された高価な香木であり、霊木とも意識されたらしい。通常、ひとつまみ・ひと削りでも芳香を楽しむべきところ、まるごと仏像の材料に使用するとは、まことに贅沢な話である。大陸貿易にも関与した、院の権力と財力の一端を垣間見る思いである。

じつは鳥羽院は、おなじく奈良東大寺に属する山林修行者のためにも、本尊として赤栴檀の十一面観音を寄進していた。これが信心の核となり、彼らは中門堂衆として結集していったのである。当時、実践を旨とする堂衆は身分的には学侶の下位に位置づけられ、寺院組織内では支配の中核から排除されていた。そのような修行者、あるいは辺境に生まれた宗教勢力に対する院の保護が、ある程度一貫した意図のもとに行われていたことを、この赤栴檀坐像寄進の伝承は暗示する。

願西上人が、鳥羽院より御願寺に指定する旨の院宣を受けたのは仁平元（一一五一）年であったという（『慈恩寺文書』）。その仲介を果たしたのは、平泉藤原氏の二代目基衡《もとひら》だった。金色堂《こんじきどう》で知られる平泉藤原氏の信仰の中核、中尊寺は晩年の白河院御願として初代清《きよ》衡《ひら》によって建立された（「中尊寺供養願文」）。この地に大きな勢力を張った清衡の権勢を考えると、院との関係の構築は、陸奥一国の支配も見据えた大規模なものであり、他の個別地方寺院と簡単に同一視することはできない。しかし宗教史の面から見れば、これもいままで述べてきた、地方寺院の振興政策を含むものと考えてよいだろう。

この点を踏まえれば、鳥羽院が基衡を通じて北方世界に位置する慈恩寺復興に乗り出したのもまた、前代の清衡と白河院の強いきずなを継承したものだった。このネットワークは世代を重ねるなかで、奥州の中心たる平泉からさらに周辺に広がった。各地域の地方寺院では、願西のような勧進上人の活動をバックアップするために、平泉藤原氏のような広域にわたる地域権力者の仲介によって、院権力と結節していったのである。

近世初期に再建された慈恩寺本堂（山形県寒河江市）

こうして願西は、鳥羽院の助力を得てさらに慈恩寺の復興を精力的に進めた。彼は金堂の左右に常行《じょうぎょう》三昧《ざんまい》堂《どう》・釈迦堂を建て、一切経《いっさいきょう》七千余巻を奉納して毎年一切経会を催した（「慈恩寺金堂造営勧進帳」）。この釈迦堂の本尊は恵心僧都《えしんそうず》（源信《げんしん》）作で、やはり鳥羽院の持仏であり

（「当院所在之堂社諸尊目録」）、ほかに阿弥陀堂本尊もとは鳥羽院持仏堂本尊であった。さらに宝蔵の中にも、鳥羽院が所持していた金銀泥五部大乗経が格納されていたという（「瑞宝山慈恩寺堂社之目録」）。

もちろん、これらの寄進のすべてが史実として鳥羽院によって実行されたものかどうかは、さらに慎重な検討が必要だ。だが少なくとも、中世の慈恩寺において鳥羽院復興という由緒が重視され、さかんに喧伝《けんでん》されたことは間違いない。そして、これらの事績の中でもとくに目を引くのが、一切経七千余巻の奉納であった。この一切経そのものは、残念ながら現在に伝わらない。しかし、宮城県名取《なとり》市熊野新宮寺に伝来する一切経に流入する形で、慈恩寺一切経の一部がいまも残されている。国指定重要無形民俗文化財としていまに伝わる慈恩寺舞楽もまた、もとは一切経供養のために奉納されてきたものであった。

じつは、このような辺境の山林寺院に、院がみずから一切経を書写奉納したことには大きな意味があった。

3　都鄙をむすぶ聖人たち――周縁と中心の循環構造

中世における一切経の意味

仏教経典の全集を「大蔵経《だいぞうきょう》」というが、日本では古くは「一切経」と言われることが一般的であった。すでに触れた、古代日本の山林修行に重要な影響を与えた『梵網経』のように、中国では多くの偽（疑）経（中国撰述経典）が作成された。やがて中国では、正統な経典のリスト作成を通じて真偽判定に国家権力が関わるようになり、偽経はここから基本的に排除された。一切経書写もまた、その選定基準にもとづき進められてゆく。宋代のはじめにはついに大蔵経の印刷が始まるが、これもまた、もちろん皇帝の勅命のもとに行われた純官営事業であり（のちには民間でも印刷）、校訂も厳密に行われた。つまり、もともと大蔵経は皇帝によって真正性がオーソライズされた、権威ある仏典全集であった。

さらに、刷り上がった大蔵経は当初、部数もわずかで、不特定多数に頒布するのではなく勅許を得て特別に下賜された。太平興国八（九八三）年に完成し、印刷されたばかりのフルセット五〇四八巻が、同時期に日本より中国に渡った東大寺僧奝然《ちょうねん》に太宗《たいそう》から与えられたことはよく知られているが、以上の事実を踏まえて考えれば、このときの大蔵経下賜がきわめて大きな意味を持っていたことが分かる。

大陸からもたらされたこの権威ある大蔵経は、奝然の渡航を背後で支援した摂関家の管理下に置かれた。このまたとないオリジナルを底本として日本で書写が行われ、その写本を白河院が保有することになる。以上の経過について詳しく研究した上川通夫氏は、あわせて古代中世の一切経の事例を網羅的に検出し、その歴史的意義を明らかにした。上川氏の研究により、いましばらく日本にもたらされた宋版大蔵経のゆくえを追ってみよう。

奝然は下賜された大蔵経を、「釈迦瑞像」（清凉寺釈迦如来像）などとともに日本に持ち帰った。この宋版大蔵経は、やがて治安元（一〇二一）年に藤原忠平の建立した法性寺《ほっしょうじ》に移転するが、三〇年ほど後の火災で焼失した。しかしその後、宇治平等院《うじびょうどういん》では一切経会が始められたことから、摂関家によって焼失前にオリジナルから書写された可能性がある。さらにその後の天仁三（一一一〇）年には、白河院が自身の御願寺である法勝寺《ほっしょうじ》において、金泥一切経供養を遂げている。このときまでに、法勝寺にも大蔵経の写本一セットが格納されたことになる。

院はこの書写を摂関家の協力で実現し、自身の手元に置いたのであろう。同時に入宋《にっそう》僧成尋《じょうじん》にも新訳経典を送らせ、またあらたに完成した高麗版大蔵経なども参照しながら法勝寺一切経を完成したと、上川氏は推測している。宇治平等院や法勝寺の一切経は、以後もっとも権威ある底本として書写に活用された。ただし、この写本は摂関家や院の文化的権威の源泉に他ならず、書写閲覧は厳しく制限されていた。

このように、摂関院政期において宋からもたらされた一切経は写本でさえもきわめて限られており、院や摂関家のもとで厳しく管理された権威ある経典全集であった。少し下って平安時代末に宋に渡った俊乗房重源《しゅんじょうぼうちょうげん》は、宋版一切経を輸入して醍醐寺に寄進した。これは現在も同寺に残され、国重要文化財に指定されている。その良好な保存状態を見るとき、宋版一切経がいかに珍重されてきたかを推し量ることができるだろう。

醍醐寺が創建以来、真言宗では代表格の京都の大寺院であり、歴代の天皇や院らによって手厚く外護されてきたことを顧みれば、そこに宋版一切経が伝えられてきたことも納得できる。しかしそれが、なぜ前節で触れた慈恩寺など都から遠く離れた山寺にまで格納されるにいたったのだろうか。この意味を、さらに考えてゆこう。

白河・鳥羽院の金峰山支援事業

一切経は、このように書写閲覧も厳しく制限されていたものの、それでも院政・鎌倉期の社会に限定的にせよだんだんに流布していく。白河院自身はそのうちの一部を、吉野金峰山に安置した。そのきっかけは、慈応《じおう》という上人が寛治八（一〇九四）年六月以来三夜にわたり受けた、蔵王権現の夢告に始まる。

慈応はこの夢にもとづき、一日一切経書写を発願した（『金峰山草創記《きんぷせんそうそうき》』）。五〇〇〇巻を越える一切経を一日で書写するには、写経料紙の準備や装丁の費用はもちろん、場所や書き手の確保などにも相当の企画運営力と財力を要することが明らかである。だいいち、書写の底本となるべき一切経が当時は権力者のもとで厳重に管理されていたわけであるから、背後に院や摂関家のバックアップを得なければ、一介の上人には到底無理な話であった。

慈応は、永長元（一〇九六）年三月一八日を期して「京中上下万人」に書写を勧進した（『中右記《ちゆうゆうき》』同日条）。この年は、前日が春分すなわち春彼岸の中日に当たっており、これを意識したものであろう。「万人」のひとりには、関白・藤原氏長者である藤原師通《もろみち》も含まれ、その父師実《もろざね》や嫡男忠実《ただざね》もこの事業を支援していた。師通は日記に、『華厳経《けごんきよう》』（六〇巻本）の外題にみずから筆を執ったこと、経題である「大方広仏華厳経」の七字を記しただけでも、その功徳が甚大であることなどを述べている（『後二条師通記』）。

完成した一切経は校合ののち、承徳二（一〇九八）年に金峰山において供養された。やがて鳥羽院政期の保延六（一一四〇）年五月、静厳《じようごん》もまた一切経書写を行い金峰山に奉納した。このときまでに慈応一切経が何らかの理由で大きく失われたため、買得や補写によってその整備を図ったものと考えられている。現在知恩院に伝わる『菩薩処胎経《ぼさつしよたいきよう》』はこのとき買得により補われた零巻であるが、六世紀に中国で書写された古写経としてよく知られている。

ところがこの書写に参加した功徳も空しく、師通はまもなく頓死《とんし》してしまう。その発端は、延暦寺が美濃国にあらたに立てた荘園をめぐって、国司源義綱《よしつな》とのあいだに起こったトラブルであった。延暦寺大衆が強訴を起こすと、師通は武士を遣わして防いだが、その際に験者でもあり「中堂久住者」すなわち山林修行者であった円応《えんおう》なる山僧を、流れ矢により殺害してしまった。これを衆徒が怒って、師通を呪詛《じゅそ》したのだという（『大日本史料』嘉保二年一〇月二四日条）。ここにも、地方における所領をめぐる小さなトラブルが中央寺院に持ち込まれて拡大する過程、さらには霊山における山林修行者の作善に積極的に結願する権力者が、いっぽうでその活動を抑圧せざるを得なかった矛盾の構造が露呈している。

それでも院や摂関家は、慈恩寺や金峰山など地方に展開した山の宗教に注目し、権威ある一切経を書写常備することを許すという、破格の保護を加えていった。慈応一切経のことを記す『金峰山草創記』には、ほかにも金峰山寺や寺内諸堂においてどのような仏事が行われたか、その本願は誰で、創始日はいつかといった具体的な記述がある。それらの多くが、白河・鳥羽院政期に集中していることは、偶然とは言えないだろう。史料の成立事情なども考慮に入れなければならないが、この時期とくに金峰山に院権力から積極的に信心が寄せられたことは、もはや確実である。だが、そのような信心がまた、院の権力や政治的意図とも密接に絡んでいたことも忘れることはできない。

一切経書写事業の広がりと山林寺院

夏でも半分氷雪に覆われた、白山山頂の千蛇ヶ池

一切経書写事業と院権力、そして山の宗教との関係からとくに注目されるのは、富士上人末代《まつだい》の活動である。末代は富士山に数百度登頂し、山頂に大日寺《だいにちじ》を建立した。また、越前白山に詣でて「龍池《りゅうち》」の水を汲んだという。これは、天喜年中（一〇五三―五八）の日泰《にったい》上人の先蹤《せんしょう》を襲ったものであり、ひとびとは末代を日泰の後身かと仰いだ（『本朝世紀』）。

龍池とは、大汝峰《おおなんじがみね》の直下に抱かれた現在の千蛇《せんじゃ》ヶ池を指すのではないかと思われる。白山開山泰澄は、大蛇を氷雪によってこの池に封じ込めたといい、現在も池のなかばは万年雪に覆われている。おそらくもとは、この千蛇ヶ池こと龍池こそ、豊かな雪どけ水によって広く里のひとびとを潤す水源としての分水嶺、つまり「水分山《みくまりやま》」としての白山の信仰の核となる、最高の秘所であり霊地ではなかったかと筆者は考えている。このように末代は、富士を拠点とするとともに、白山をも修行の場として広域にわたり活動する山林修行者であった。

やがて彼は、関東のひとびとに勧めて一切経書写を開始したが、その法式は最澄に続く初期日本天台宗の祖師、慈覚《じかく》大師円仁《えんにん》に範をとったものであった。清浄な環境を整え、厳格な法式によって書写された経典を、とくに「如法経《にょほうきょう》」と言う。円仁が基礎を築いた比叡山横川《よかわ》は如法経の聖地であり、円仁を始祖とする伝説とともに、院政期に如法経儀礼が整備された。白山が延暦寺と本末関係を結んだこととも考えあわせると、末代が天台宗の影響下に活動していたことが分かる。

久安五（一一四九）年、末代は関東において大方の書写を終えた。すると残った料紙を携え上洛した彼は、鳥羽院にも如法大般若経一部書写を勧進する。そこで院は貴族をはじめ男女・僧俗に分配してこれを書写せしめ、結縁したという。もともと『大般若経』は六〇〇巻におよぶ大部の経典で、多くのひとびとに書写を分配し、結縁させるのに適していた。また神々が、この経説によって喜びを生じ、守護の威力を増す「法楽《ほうらく》」のためにこの経典が向けられることも多く、国家社会の安寧に資するところも大きい。だが、なにより『大般若経』は、一切経の冒頭に置かれることが一般的であった。つまり、この大般若経書写は、院が末代の一切経書写事業全体をオーソライズしたことを象徴していたのである。

さらにその約一ヵ月後、院は近臣の助力により優美な写経供養を行った。供養ののち、末代は富士山に埋納すべく写経を賜って退出した。同時に作成された願文によれば、このときの一切経は四六九六巻であり、これに鳥羽院書写の『大般若経』六〇〇巻が加えられたという。鳥羽院は「二世之願求」「一天之静謐」のため、巻軸の準備を近侍する臣下に、書写を僧侶に充て、みずからは『般若心経』および「尊勝陀羅尼《そんしょうだらに》」を書写した。こうして院は、天皇の慈親でありながら、またはやくに釈迦の遺弟に列した（出家した）身として、社稷《しゃしょく》安全と仏法興隆を願ったが、同時に「如法一切経」は和漢未聞の企てであると、この願文の中で誇っている（『本朝文集』巻五九）。

山林修行者による一切経書写は、山の宗教の側にとって画期的な宗教的事業であったばかりではなく、院権力にとっても天皇を後見して国家の安寧を祈るという政治的な意図が込められていたのである。

富士信仰のベースキャンプ

山林修行者末代が活動の拠点として一切経を埋納した富士山には、このころどのような山の宗教が展開していたのだろうか。鎌倉時代の縁起には、伊豆走湯山《そうとうさん》僧であった末代が、滝本《たきもと》に往生寺《おうじようじ》（村山登山道の中腹）を建立したことが記されている（『浅間大菩薩縁起《せんげんだいぼさつえんぎ》』）。

これもまた、富士における山林修行のベースキャンプであった。しかしより中核となる寺院は、久安年中に鳥羽院御願として智印《ちいん》上人が同じ地域に開いた実相寺《じっそうじ》だったろう（「駿河実相寺衆徒愁状」）。智印こそは、末代の行学の師匠とも伝えられている。末代の活動は智印を引き継いだもので、鳥羽院との縁もまた智印が取り持ったのではないだろうか。

この実相寺にもまた、一切経論を書写格納した経蔵が建てられていた（さきの末代書写埋納の一切経とは別）。当時の東国には、いままで見てきたとおり、院権力の強いバックアップによって、陸奥平泉および出羽慈恩寺などにわずかに一切経の安置が知られる程度である。その意味で、実相寺にも一切経が置かれたことは、じつに画期的であった。のちに日《にち》蓮《れん》は、『立正安国論《りっしょうあんこくろん》』執筆のために実相寺一切経を披閲《ひえつ》し、その折に日蓮が晩年に本弟子と定めた六老僧の一人、日興《にっこう》と出会ったとする伝説もある。実相寺は富士川河口部に位置し、駿河を縦貫する東海道が甲斐や伊豆に分岐していく、交通上の重要地点付近に位置する。このような場所には、一般的に多くの僧が行き交う便宜から、中世には談義所など修学の拠点が設けられることが多かった。実相寺の一切経も、やがてそこを往還する東国一円の学僧に活用されたことは想像にかたくない。ここから、山林寺院が単に実践の場であるだけではなく、ときに教学上の拠点としても機能していたことが分かる。

このほか、実相寺には如法堂も建てられており、それは比叡山横川の流れを汲んでいるという。さきにも述べたように、料紙や墨・筆までも清浄な材料を吟味して、潔斎を行った聖人たちが書写する如法経儀礼は院政期からさかんになったが、その元祖は横川を開いた慈覚大師円仁に遡る。ここから、実相寺に関係する末代の一切経も円仁を意識し、如法経として書写されていると考えてもよいであろう。

このように末代は智印の活動をベースとして、さらに東国一帯に勧進活動を展開し、智印を通じてついには鳥羽院とも連携しながら、如法一切経書写および富士山頂への埋納を実現したのである。同時期に、鳥羽院近臣の藤原顕長《あきなが》は三河《みかわ》守に在任していたが、おそらくこの時に写経を入れて埋納したと思われる渥美《あつみ》焼《やき》の壺が、富士山を囲む三地点から出土している。顕長もまた、都の鳥羽院を中心として、駿河という周縁で活動する智印・末代らの信仰圏に接触し、如法に『法華経』を書写して埋経を行わせたのだろう。

院政における山林寺院の意味

本章では、一一世紀後半からはじまる山の宗教のダイナミックな展開を、同時期に古代から中世へ向けて本格的な転換期を迎える政治や社会と連動した歴史的な動きとして捉えてきた。

政治面から見れば、時代の画期となった白河院政は、とくに院の後継と目された堀河天皇が壮年で急逝して以降、幼帝鳥羽を擁して王権の安定を図る中、白河院による政権の長期化も手伝って、しばしばその専制性が指摘されてきた。寺院社会の側からこの時期を考えると、中央の大寺院内では、教学を担う学侶が所領荘園支配や国家的仏教儀礼の執行も独占することによって、寺院全体の意思決定にイニシアティブを発揮し、求心性を高める。白河院は、この方向を後押ししていった。

地方社会においても、地域の寺社や山林寺院が中央の大寺院に求心的な本末関係を結び、全国的なネットワークに参画してゆく。その仲介を果たしたのは、院権力を支えた受領《ず りょう》層であった。院を核とするこのような求心性は、いっけん院権力を強化したかに見える。しかし実際には、在地における小さな対立が、ときには中央における訴訟や強訴にまで発展することは、本章で見てきたとおりである。院政期社会は、現実にはこのような分裂状況を内にはらんでいたからこそ、院がますます求心性を高めてゆく必要もあった。

院政期には、古代寺院が解体し、中世的権門寺院が成立したと、しばしば指摘されてきた。しかし、寺院権門も内部の実態を見つめれば、決して一枚岩ではない。それまで実践修行を旨とし、寺院内に居場所を見つけてゆるやかなメンバーシップを獲得していた山林修行者らは、中世的な寺院組織の形成過程でいったん周縁化される。こうして院政期の寺院社会もまた、分裂の契機を孕むことになる。

さらに宗教的にも、たとえば院が関心を持った如意宝珠信仰から、真言宗ではともすれば教理的裏づけに乏しい珍奇な儀礼を生み出してしまう。天台宗でも、本来は教理の根本に位置づけられていた『法華経』を、「観心」がさらに上回るとする本覚思想のような極端に観念的な教理の登場を許している。最近の教理研究は、このような傾向にも、つぎの時代を切り開く役割を果たしたという意味で一定の評価を与えつつある。しかし、少なくとも院政期の段階では、珍奇な教説がさらに複数の分派を形成するような迷走的、分裂的傾向が教理面でも顕著であったことは否定できない。

こうして白河院は、さまざまな面で深刻な矛盾を抱えたまま、政権を鳥羽院へと引き継いでいかざるを得なかった。鳥羽院もまた、白河院の専制性を受け継いでいるかに見えながら、王家や摂関家の分裂を回避するためにバランスをとることに腐心してもいた。そうした鳥羽院の目に留まったのが、大寺院の周縁あるいは地方寺院において活動する山の宗教であっただろう。

そこで院は実践修行者の結集を促し、ふたたび寺院社会に取り込み位置づけようとした。そのため、地方の山林寺院に仏像・堂舎を寄進し、あるいは一切経を配備するなど、積極的に修行者の活動を支援していった。受領層は、引き続き地方の寺社勢力と衝突することもあったが、地方における勧進聖や上人らの活動を院に報告し、院との結縁を仲介する役も果たすようになる。

こうして鳥羽院が目指した政策とは、結局のところ、中世に向かって分裂しようとする寺院社会や宗教、あるいは中央と地方社会を再統合することだったのではないか。これこそが、鳥羽院政全体の大きな特質でもあり、宗教政策の上でも押さえておくべき重要なポイントであると考える。山の宗教は、このような鳥羽院政期の特質を支える上で大きな役割を果たしたのであった。その動きを世俗社会から故意に引き離し、聖域として閉鎖的に捉えようとするだけでは、実態の上でも概念の上でも、全体を理解することはできない。

第四章　山の宗教の裾野のひろがり

大峰／葛城山／笠置山・笠置寺（奈良）／熊野山／白山・立山（富山）／清澄山・清澄寺（千葉）／八溝山・八槻社（都々古別神社）（福島）

大峰持経者宿で、山伏とともに行尊の卒塔婆を眺めて歌を詠む西行
『西行法師行状絵巻』

1　山林修行と「縁起」の世界

注目される山林修行

もろともに　あわれと思え山桜　花よりほかに　知る人もなし

白河天皇勅撰の『金葉和《きんようわ》歌集《かしゅう》』（五二一番）に入集し、『小倉百人一首《おぐらひやくにんいっしゅ》』（六六番）にも選ばれた、前大僧正行尊《さきのだいそうじょうぎょうそん》の名歌である。行尊は、一一世紀後半から鳥羽院政期にかけて活動した園城寺の僧である。小一条院《こいちじょういん》こと、不遇の皇太子敦明《あつあきら》親王の皇胤《こういん》でもあった。しかし彼は、若いころから山林修行者となり、熊野・大峰・高野などを経巡って精進を重ねてゆく。ようやく五〇歳を超えるころまでの事績は、必ずしも詳《つまび》らかではない。ところが鳥羽天皇の即位に際して護持僧となって以来の活躍は目覚ましく、白河法皇や鳥羽上皇の熊野詣に際しては、先達も多く務めた。周縁的世界にあって活動しながら、院政権に注目されて一本釣りされた典型的な人物である。

「あなたも一緒に懐かしいと思っておくれ、山桜よ。山中には花のあなたのほかに、心を知ってくれる人もいないのだから」と花に呼びかけるなかで、「あわれ」「知る」の語に微妙なニュアンスが込められており、語釈も一様には行かないところが名歌たるゆえんであろう。山中における、ひとりの男としての山伏の心のうちを、三十一文字に託して余すところなく吐露している。花よりほかに知る人もないはずのこの気持ちは、しかしながら歌に乗せて勅撰集にも選ばれ、かくも人口に膾炙《かいしゃ》することとなった。山中に伏したまま、人知れず白骨と化すこともときには覚悟しなければならなかった山林修行の世界に生きながら、じつはその行動は意外に社会から注目されていたのである。

中世になると、和歌の他にもさまざまな媒体において、山の宗教の主人公たる山林修行者はみずからの行動や心情を語り出す。また、彼らの活動をいろいろな機会に見聞したひとびとは、その姿を記録するようになる。縁起・巡礼記・日記・古文書など多様な形でいまに残された記録は、鎌倉・室町時代の山の宗教を概観するのに格好の材料となっている。

ここまで本書では、ある程度の概念化や類型化を意識しながら、ときには事例の羅列や連続した実態の説明を控えてきた。山の宗教の成立を語る際には、そのような方法もある程度は必要であると考えたからである。しかしわれわれは、すでに中世における山の宗教の成立期を通過しようとしている。ここからの展開を述べるには、いちいち抽象化するよりは、むしろさまざまな史料を読み解きながら、羅列にならない程度につぎつぎと事例を追ってゆくことが効果的である。これこそ、山の宗教を歴史の立場から描くうえで、真の面白さを伝える方法であると筆者は確信している。そこには、中世における山の宗教の自由でリアルな姿が映し出されるであろう。

山の宗教と修験道

修験道を抜きにして、中世の山の宗教を語ることはできない。というよりは、修験道の発展をトレースすることが、日本における山の宗教のすべてを語ることであるようにさえ、かつては思われてきた。これはこれで、ひとつの有効な方法ではある。しかし近年、修験道の再検討が進み、研究の進展も目覚ましい。かつて和歌森太郎によって確立され、五来重や宮家準氏に継承されてきた修験道史研究のパラダイムは、もはや大きくシフトしている。ここではまず、近年の研究によってあらためて修験道とは何かについて確認しておきたい。

「修験」はもと山林での修行ではなく、それによって得られた験力《げんりき》を指していた。たとえば平安時代前期の貞観一〇（八六八）年、清和天皇は吉野深山《みやま》の僧道珠《どうしゅ》に「修験」があると聞き、朝廷に召して褒賞している（『日本三代実録』貞観一〇年七月九日条）。験を得る、あらわすといった表現が長く一般的となっていたことからも、この語の本来の意味がよく理解できる。

古代には、このような「修験」に対する権力の関心は一貫して大きかった。すでに扱った平安時代前期の「化他の時代」もまた、こうした関心に支えられて展開していた。一一世紀にかかるころから、「修験」は験力を獲得するための手段にあたる、山林修行を指すようになる。同じころ、古代から見える語である「山伏（臥）」も、中世に続く用法が散見されるようになる。たとえば『拾遺《しゅうい》和歌集』には、「山伏も野伏《のぶし》もかくて心みつ　今はとねりの閨《ねや》ぞゆかしき」（五二九番）という健守《けんしゅ》の歌が見える。山野に伏すよりも、やはりあなたとの寝所に伏す一夜が恋しい、と詠じながら、同時にそれとは対照的な心情を、厳しい山伏修行の経験に託してもいるのが、この歌の面白いところであろう。

このような「山伏」の用例は、『源氏物語《げんじものがたり》』などにも見える。その作者紫式部《むらさきしきぶ》が女房として仕えた、一条天皇中宮藤原彰子《しょうし》は、寛弘元（一〇〇四）年五月に行われた法華八講に、布施として天皇とは別に金や二六具もの衣装（生絹単衣・袷袴《あわせばかま》）を出したと、その父道長の『御《み》堂《どう》関白《かんぱく》記《き》』に記されている（寛弘元年五月二一日条）。この日は、八巻ある『法華経』のちょうど中間にあたる第五巻が講義される「五巻日」であった。その中に、悪人・女人の成仏を説く提婆《だいば》達多《だつた》品《ほん》が含まれることから、とくにひとびとが多く聴聞に訪れ、結縁したのである。

提婆品には、前世の釈迦が山中において修行者として水を汲み、薪を背負って師に奉仕したという物語が説かれる。これにならい、殿上人らが実際に水や薪を負って行道《ぎょうどう》するパフォーマンスもあって、仏事でありながら晴れやかな一日であった。このとき、他に花山《かざん》院《いん》からも布施物が寄せられたが、それは「山臥具」であったという。前世の釈迦が、山林修行者であったことにちなんだのであろうか。このころの山伏の道具や装束は、まだ定型を見なかったので詳細は不明であるが、水瓶や錫杖などであろう。みな銀をもって作られた、豪華な品々であった。山林での実用には適さない儀礼具だったであろうが、貴族たちの山伏修行への関心の深さが垣間見える。

とくに、摂関家の策略で出家を余儀なくされた花山院は、以後は仏道修行に励んだ。観音の霊場である西国三十三所の創始者ともされているが、この霊場には熊野や醍醐寺をはじめ、山林寺院も数多く含まれている。また、『法華経』の聖として著名でありながら、播磨《はりま》（兵庫県）の書写山円教寺《しょしゃざんえんきょうじ》に籠って山林修行に専念していた性空《しょうくう》上人をわざわざ訪ねたことも知られている。

異形の山伏と鎌倉仏教の出会い

こうして、中世の山の宗教の輪郭が徐々にはっきりとしてくる。それと並行して、修行者の活動に対する都のひとびとや社会の関心がますます高くなっていった。だが、修験が日本仏教を構成する一つの「道」として成立してくるのはなお下って、一三世紀後半ごろからである。このころ無住《むじゅう》が著した『沙石集《しゃせきしゅう》』には、彼自身が天台・禅・律とつぎつぎに修行を試みる中で出会った、さまざまな修行者に関わる説話が見られる。

ある山伏たちの述懐も、そのひとつであった。無住が禅の師と仰いだ東福寺円爾《えんに》は、若い時に上野国世良田《こうずけせらた》の長楽寺《ちょうらくじ》で栄西《えいさい》の弟子のひとり、釈円房栄朝《しゃくえんぼうえいちょう》について禅と天台を学び、やがて入宋して深く禅を研鑽することになる。おそらくこの説話も、円爾を通じて栄朝の系譜に連なるひとびとから聞いたのであろう。あるとき栄朝が戒律護持の重要さについて述べた説法の場に、聴聞に訪れた山伏たちの行動について、無住は次のように書き留めている。

このとき栄朝は、戒律をもととして禅定や修学を行い、顕教や密教、そして禅を学ぶべきことを説きながら、剃髪受戒がもはや形式化したことを嘆いた。世間には異類異形の法師が多くなり、仏弟子ながら妻子を持ち武器を蓄えて、さかんに殺生を行っている。月に二回行われる、破戒を悔いて戒律護持を誓う儀礼である布薩のことなど、名を知りもしない者がこの場にもいる。

在家のようでありながら袈裟のようなものをかけ、成人男性のしるしである烏帽子をかぶらず、かといって少年でもなく、出家者でもない。そのような者がいるではないか、と山伏たちを見つけて述べたという。栄朝が挙げたのは、じつはすべて山伏に特有の服装や生活スタイルであった。栄朝は戒律護持の重要性に引きつけながら、その趣旨からはずれた山伏をしたたかに当てこすったのである。

聴聞の僧たちは、栄朝がこのように気まずいことをおっしゃって、山伏は腹を立てやすいものなのに、と気を揉んだ。しかし、山伏を戒律にもとづく正しい仏法に導こうとする、栄朝の慈悲心からの説法に感じ入った山伏たちは、栄朝の方丈《ほうじょう》（居間）にやってきて、「いまのご説戒を聴聞いたしまして、このような私たちの姿は、仏法の教えに適うとも思えません」と語り、しきりに心の内を訴えて泣く泣く申し述べた。「それならば戒律を守って、この寺にいらっしゃいませ」と栄朝が誘引すると、「そういたしましょう」とすぐに出家したという。「山伏にも宿習《しゆくしゆう》あり、あわれにこそ」と無住は結んでいる（巻六）。「宿習」とは、前世において戒律を護持した善行の経験を指している。そのおかげで、今世にもついに正しい戒律の道に入ることができた、と言いたいのであろう。

絵巻などに描かれたこのころの山伏は、江戸時代以降のそれとはずいぶん違う格好をしていた（本章扉参照）。いっぱんの在家の男性が烏帽子を被るべきところ、彼らはずきんを被っていた。ところがいっぽうでは在家者の普段着である小袖を着て、さらにその上から袈裟をかけ、高下駄を履くという衣体《えたい》であった。このように僧俗の服装が入り乱れており、戒律で定められた僧の装束と著しく異なるばかりか、俗人としてもまた「異形」な、非僧非俗の日常を送る宗教者の姿である。しかも気性が荒いと、ひとびとからは見られていた。

こうした山伏たちも、鎌倉時代に禅宗や念仏宗、日蓮法華宗といったあらたな宗派が成立してくると、衣体を改めてそれらの教団に吸収されてゆく者も少なくなかった。古代において、山林修行者こそ戒律の実践者であったことは、本書で大きくクローズアップしてきたことのひとつである。だが、鎌倉時代に入るころまでには、まったく新しい大陸仏教の影響もあって、栄朝をはじめとするひとびとの説く戒律の意味づけは、古代とは大きく変化していた。栄朝の山伏批判の説法のポイントのひとつが、必ずしも苦行などのあり方ではなく、衣体に集中していることにもあらたな戒律思想の一端が表れている。

修験「道」の成立

このように、鎌倉時代にあらたな宗派が現れ、中世を通じて徐々に発展してゆくにつれて、そのなかに吸収される山伏も少なくなかっただろう。だがそれに対して、なお山林修行者としての独自性を主張する山伏も多かった。やがて彼らは新しい仏教運動と並行して、おなじくゆるやかな宗派化の道を歩むようになる。こうして鎌倉時代の後期ごろから、独自の行場や儀礼・修行法を共有する山林修行者が組織化されていった。この段階で、歴史的にはじめて修験「道」が成立することになる。このころに描かれた『七天狗絵《しちてんぐえ》』（天狗草紙）に注目する。この絵巻の中には、驕慢のあまりみな天狗となってしまった真言・天台や南都の諸宗の代表が車座になって話し合う図様が見えるが、原田正俊氏は、このころに描田氏はこれを、当時の仏教全体の実態を観察したものと評価している。興味深いのは、その代表の一人に山伏の棟梁を自負する天狗が現れることである。

これに注目したのが近藤祐介氏であった。近藤氏によれば、この山伏の天狗は、顕・密・修験の三つを兼ねるのは、わが園城寺のみであると主張する。延暦寺（山門派）は顕密の修行を兼ね、第二章の後半で見た葛川行者の中にも延暦寺僧が多かったが、修験は必ずしもさかんではない。また高野山にも同様に顕著な修験者の集団は知られていないが、東寺とおなじく密教の道場であった。

これに対して園城寺（寺門派）は、天台顕教の研究と同時に智証《ちしょう》大師円珍《えんちん》の系譜を引く密教の修行もさかんであり、さらに鎌倉時代にはすでに列島全体の山林修行に関して一大センターの役割を果たしていた熊野山の管理や修験者の組織化にも、大きな役割を果たしつつあった。

しかしながら、がんらい山林修行者にとって、特定の教理内容によって分類されるような宗派というものはあまり意味がなかった。ひとたび山林に交わり、また山に登り始めれば、宗派よりはむしろどのように自己の求める実践を実現してゆくのかが、山林修行者にとっては重要な課題となっていたはずである。そうした中にも宗派の論理が入り込むことによって、徐々に修験道が成立してゆく。もっとも近藤氏も強調するように、実際に園城寺の聖護院門跡が本山派《ほんざんは》の修験道を統率していくのは、さらにのちの時代の出来事であった。

『諸山縁起』というガイドブック

本来、山の宗教において山中のことはすべて秘中の秘であった。ひとびとはその様子を知ることはおろか、聖なる山林の世界に踏み入ることなど許されるはずもなかった。しかし実際には、都市平安京の成立とともに、ひとびとの関心はむしろ山林へと向けられた。すると、平安時代中期以降、山中に留まって核となる山林修行者と、ひとびとの間を往来して両者をつなぐ宗教者の活動によって、山林の様子がさかんに語られるようになった。やがて山林修行の場や儀礼も一段と整備され、記録されるようになる。これは、おそらく修行者の集団化と軌を一にしているだろう。次の世代を導いてゆくために、集団の中で神話や儀礼を統一し、経験や記憶を引き継いでゆく必要が生じたのである。こうして成立した文献の一つが、『諸山縁起《しょざんえんぎ》』であった。

『諸山縁起』からは、平安時代後期における近畿地方の代表的な霊山の実態をある程度推し測ることができる。また、巡拝にともなう儀礼や、このころの霊場にまつわる神話伝説がどのようなものであったかを知るうえでも貴重な史料である。いわば『諸山縁起』の成立は、霊場巡礼のための「ガイドブック」の出現を意味する。つまり、ここにはじめて山林へと〈導く者〉と〈導かれる者〉の関係が成立したわけである。

ただし当初は、現在の観光ガイドブックのように不特定多数への道案内として提供されたわけではなく、きわめて閉じられた集団内でひそやかに示される程度のものであっただろう。『諸山縁起』は、鎌倉時代前期の写本が残されている。大峰・葛城山・笠置山に関わる縁起類を集成しており、内容的には院政期に遡ることができる。全体は研究者によって二〇項目に整理されているが、ここではまず第一項をやや詳しく見て、基本的な構造を理解してみよう。

第一項は、白鳳《はくほう》時代の熊野別当初代禅洞《ぜんどう》および、和銅元（七〇八）年誕生の仁宗《にんそう》らによる大峰成立の由緒と、その相伝の伝説である。「大峰はこれ仏生国《ぶつしょうこく》の巽《たつみ》、金剛窟の坤《ひつじさる》の方の一分なり」と述べているように、この山は釈迦の生誕地であるインドより飛来したと考えられていた。ついで大峰の南半、すなわち熊野側を密教の胎蔵界曼荼羅《たいぞうかいまんだら》になぞらえ、そこに顕わされた諸尊を一〇八嶺に配当しながら順番に紹介してゆく。たとえば、「難陀《なんだ》の嶺」の説明は以下のとおりである。

> 『観無量寿経』が安置されており、これは天智天皇の御使、恵倫《えりん》の示現による。西縁《さいえん》聖人が如法の『法花経』を置き、その他の経四部がまします。観行供奉の『最勝王経』を安置する。成西《じょうさい》入道が経一部を、粉河《こかわ》の尾に納めた。住西《じゅうさい》聖人は三河国の人で、如法経を安置した。仁平六（じつは元年、一一五一）年一〇月、鳥羽法皇が京都において書写した如法経を安置する。

このように、ひとつひとつの嶺について聖性を発揮する品々とその由緒が記されていく。その中でも圧倒的に多いのは、レジェンドたる過去の山林修行者たちが安置し、あるいは埋納した経巻であった。第一項にはさきにも触れたように、白鳳時代の初代熊野別当禅洞について語られる。もちろん史実としてはそのようなひとの存在はおよそ考えられないことであり、右の説明の中にも架空の人物が含まれているだろう。しかし、これは縁起の性質を考えれば当然である。ここに記されたのは大峰の〈歴史〉ではなく、作者はあくまでその始まりの〈神話〉を語っているのである。そして、当時の修行者の中ではこの両者が分かちがたく一体化していた。そこに縁起という史料の特徴と面白さがあり、歴史の史料としては使い物にならないと切り捨てることはできない。

たとえば、峰々に安置・埋納された聖遺物が圧倒的に経典であったことは、山林修行と経典信仰、とくに「如法経」との関係を考えるうえで重要である。如法経については、すでに第三章においても触れた。清浄を旨とする如法経は、いっぱんにひとびとに踏み荒らされないような特別区域の中で栽培された楮《こうぞ》を紙の原料とし、書写のための筆や墨もとくに動物性の原料を避けて調製された。さらに書写に携わる聖人たちは、事前に仏教式のみそぎにあたる懺悔の儀式（懺法《せんぽう》）を行い、心身ともに清らかな状態となって儀式に臨む。こうして完成した如法経には、『法華経』などの「経力」をさらに高める霊性が宿ると信じられたのである。いっぽうこの如法経書写儀礼が確立し、信仰がさかんとなった院政期には、限りない富と権力の源と考えられた如意宝珠《にょいほうじゅ》信仰が白河院の周辺から同時に起こってくる。これが社会に広がる過程で、如法経を宝珠やそれと同体と考えられた仏舎利と習合させる考え方が生まれた。この思想が、山の宗教にも大きな影響を与えたと見ることができるのである。さらに、さきに示した説明に登場する「成西入道」や「住西聖人」の伝記等は一切不明であるものの、実在の人物や史実について記していると考えられる箇所もある。とくに最後に、仁平元年一〇月に鳥羽法皇書写の如法経が安置されたとするのは、年月の記載が具体的で矛盾がないことなどから、何らかの記録にもとづいて記された事実であろう。

こうした史実を織り交ぜながら始まりの物語を語ったのち、第一項の最後には、ここで胎蔵界の諸尊をすべて尽して説明したわけではなく、仏菩薩等を少しく記したにすぎないと断ったうえで、次のように見える。

石の一尺（約三三センチメートル）に満ちたるものは諸仏の座であり、木の一丈（三・三メートル）に及べるものは諸尊の光であると思って、空を歩み地の下を踏むのは、みな諸仏のそばを歩んでいるのである。昼夜にこのように、想いを致すべきである。もっとも信ずる者は、必ずうつつに菩提の妙果を証するのである。ゆめゆめ疑いの心を発してはならない。とくに末代のためにこれを記す。

天平一七年首四月、仁宗がこれを記し伝える。

末尾の年月や人名は、この場合は具体性があっても史実とは考えがたい。作者は一連の記述の最後に、始原の物語を締めくくるメッセージとしてこの一文を書いているのである。年紀に注目すれば、四月というのは修行者にとって夏安居を始める時期である。つまり、山の宗教における修行の季節の開始にあたり、この始まりの物語が毎年思い起こされるように年紀を工夫しているのである。ここに示されたのは、あくまで歴史ではなく神話の時間軸である。

そうした立場からあらためてこの縁起を受け止めてみると、その中で大峰の嶺々を胎蔵界曼荼羅に配当してきたのは、決して作者が高度な思弁の中で神学的知識を披露したのではないだろう。むしろ作者は、岩にも木々にも仏菩薩が顕現することを、昼夜に観じながら実際に山中を歩み続けることこそが重要であると説き、これをよく信じる者こそ悟りの成果を得ると語るのである。ここには、実践を旨とする山林修行者の内面がいかんなく表れている。院政期当時、大峰の成立期と語り伝えられてきた奈良時代のある年月を、大峰の物語の始原の一点と定め、そこから末代のひとびとに向けて発信されたのが、このメッセージであった。ここから作者は、ともに同時代＝末代を生き、山の宗教の中を歩む修行者らに対して、原点に立ち返ることを訴えたのである。それは、大峰の嶺々と曼荼羅の諸尊の対応関係を云々するような教学的理解を最後には突き抜けて、山林修行という実践の面からダイナミックに仏教を捉え返し、さらに末代の一歩先へと道を進むために他ならない。ここには、すでに鎌倉時代に続く宗教運動の特徴として、実践を重視する立場の萌芽を見ることができる。

大峰の歴史と物語

以上のメッセージは『諸山縁起』の最初に置かれ、全体に影響を与えている。そこで以下には、この考え方を意識しながら、とくに興味深い項目を適宜拾い上げて見てゆこう。

第二項は、熊野神をめぐる役行者とある老人の問答である。役行者のおじである願行《がんぎょう》が記し、さらにこの物語を伝えた代々の熊野山先達の系譜が記されている。

先達とは、すでに触れたように、先頭に立って山林修行者らを導くリーダー格の山伏である。たとえば、聖武《しょうむ》天皇の時の人かとされる寿元《じゅげん》が、「大峰九度の先達なり。常に鎮西《ちんぜい》彦山《ひこさん》に住す」と記されるように、ここでは何度も大峰修行を成し遂げた経験を持ち、一山を統括するような偉大な先達を意味している。役行者が実際に生きていた奈良時代前期から、すでにそのような地位や組織が確立していたとは到底考えられない。むしろ系譜を示し、院政期にはすでに成立していた大先達の歴史を役行者まで遡ることにより、その正統性を主張したのであった。それと同時に、この系譜を伝って始原の物語へと修行者らの視線を誘導する縁起特有の方法でもある。

このような伝説の大先達の多くは、「古《いにしえ》の持経者《じきようしや》」であった。たとえば、第三項では寿元が同行珍尊《ちんそん》に伝えた精進の作法等が記されるが、「珍尊は持経者にして、高野天皇(称徳《しようとく》)の御時の人なり」と述べられている。さらに第八項にも、「最初に行い出し始むる先達は、役行者なり。次に、比古の寿元持経者。次に、鎮西の高持経珍尊。次に、伊与《いよ》の芳元《ほうげん》持経者。次に、出羽(羽)黒の持経者興珍《こうちん》……」と、役行者以来、大峰修行を受け継いだ持経者たる先達の系譜が記されている。

持経者とは、『法華経』を読誦しながら山林修行に身を投じたひとびとを指す。持経者の活動は、実際に八世紀以降の山の宗教の世界にしばしば現れてくるので、このような伝説が何らかの史実の痕跡を残している可能性も否定できない。しかしここではむしろ、直接には院政期の山の宗教において、先にも指摘したように経典信仰が盛り上がりを見せたことから、あらためて持経者に注目が集まっていったものと考えておきたい。

彼らは、もともと葛城山の山林修行者であった役行者をはじめ、鎮西(九州)・伊予(愛媛県)・出羽(山形県)など多くが大峰の外からやってきたひとびとであった。これは、それぞれの地方霊山において開山と位置づけられてきた偉大な先達たちが、『諸山縁起』の成立期に大峰信仰の発展の中に取り込まれていったことを示している。したがって、これもまた史実とは考えがたく、この系譜の実際の成立年代も奈良時代ではあり得ない。

むしろここには、院政期の大峰が外来の山林修行者を受け入れ、彼らとの交流を通じて各地方の霊山とネットワークでつながれてゆく史実が反映していると見ることができるだろう。たとえば第一〇項の「金峰山本縁起」には役行者の伝記が記されるが、そこには「時に金峰山と葛木山と両山を行き通わんがために、諸国の神を召し集めて橋を渡さしむ」とある。葛城のレジェンド役行者と金峰山とを結びつけるこの物語の成立もまた、両山の修行者の交流の深まりを示すものであることが指摘されている。この説話は一一世紀末ごろ成立の『扶桑略記《ふそうりやつき》』にも見えるので、『諸山縁起』のこの部分の記述も、だいたい同時期に形成されたのであろう。

第四項は「役行者熊野山参詣日記」で、役行者が熊野から愛徳山《あいとくさん》に至る物語、第五項は「熊野参詣還向次第」で、熊野参詣後の解斎《げさい》(精進潔斎を終えること、精進落とし)の儀礼、第六項は「熊野山本宮別当次第」で、初代禅洞から一二世紀後半の範智《はんち》・湛増《たんぞう》にいたる別当の系譜である。これらはいずれも、もと単独の記録として成立し、のちに『諸山縁起』に吸収配列されたものだろう。

第七項は、金剛峰寺座主で大峰検校とも伝えられる、聖宝の弟子の貞崇《じようすう》(八六六—九四四)の説を、醍醐天皇皇子重明《しげあきら》親王が記述したとされるもので、金峰山阿古谷《あこだに》に投身して龍身となった童子を、観海《かんかい》(伝未詳)が『法華経』の書写読誦により救済した物語である。重明には『吏部王記《りほうおうき》』という日記も知られ、文筆にも優れていた。しかし、この記事の実際の成立時期はさすがにそれよりも下ると見られる。一風変わった逸話も多い重明に、のちに筆者を仮託したのだろう。

第八項・第一〇項はすでに触れた。間に位置する第九項は、大峰宿名一二〇所を記すというが、実際には七八所で、「残る宿々は、追って峰の行者に尋ね申すべきなり」と見える。「宿」もまた、「嶺」と同じく山中の信仰拠点である。同時に、岩屋などごく簡易な宿泊施設をともなうような場所でもあった。

第一一項は「大峰金剛童子次第・住所日記」で、熊野神の眷属《けんぞく》である八大金剛童子《はちだいこんどうどうじ》の名前・住所と由緒を記す。同じく第一二項は、熊野権現の本地を顕したひとびとを記し、本宮・新宮・那智の熊野三山をはじめ、その御子神として参詣路に祀られた九十九王子のうち、若宮王子《わかみやおうじ》・禅師《ぜんじ》宮《ぐう》・聖宮《ひじりのみや》・児宮《このみや》・子《こ》守《もり》・一万・十万・勧請十五所・飛行夜《ひぎようや》叉《しゃ》・米持《よなもち》金剛童子・執《しつ》金剛童子・発心門《ほっしんもん》金剛童子・湯河《ゆのかわ》金剛童子といったとくに有力な王子について、これらをだれが「顕した」かの由緒を説く。

神々は太古の昔に地上に降りてきて、それぞれの聖所に宿っていたが、その事実や神格は現世のひとびとにとって感知しえないものであった。このように、山林の中に潜伏している神々の本来の姿を明らかにすることこそ、開山たる伝説的な山林修行者の役割とされたのである。その系譜を引くと自負する中世の先達は、修行者を導いて山林に入ると、どの場所で礼拝するのかをつぎつぎに具体的に示していった。そして、各所に到着すると儀礼を執り行い、同時に由緒や物語を説き聞かせて、そこに宿る神々の姿をあらわにしていったのである。『諸山縁起』は、そのような先達たちの口伝を集積した早い時期の文献であった。

ここまでの大峰に関する記述は『諸山縁起』の過半を占めており、大峰信仰の実態を知る上で大変重要な史料となっている。

諸山の世界

これに対して、後半は他の山の縁起に移行してゆく。まず第一三項では、葛城山九五宿の次第が述べられる。そのうち第三九宿は「西《にし》持経者」、第四一宿は「東《ひがし》持経者」とあって、ここでも持経者を宿の名に冠している。ここで「西持経者」の注記に注目してみると、「授記品《じゅきほん》第六。一千七百二十字なり」と見える。「授記品」は『法華経』のうち第六の章名だが、このような品名とその字数の記述は他の宿にも見られ、『法華経』の全体を一山の宿々に配当していたことが分かる。

山林における『法華経』修行とは、経文を誦しながら山道を歩くことを基本とする。加えて、大峰全体が両界曼荼羅になぞらえられていたのと同じように、葛城山を歩くことは、すなわち『法華経』を踏みしめ、その中を歩くことに他ならなかった。このように観念することにより、一山を廻ること自体が『法華経』修行に他ならないとする実践的理解を表現しているのである。

なお、「東持経者」には「猪垣《ししがき》の多輪《たわ》なり。経を勧進すること犬のためなり。口伝あり」と、やや不思議な注記が見える。「犬」と言っても猟犬のことであり、山の宗教と関係の深い何らかの説話が伝えられていたのだろう。この場所を『和泉名所図会《いずみめいしょずえ》』の記述にもとづき、和泉犬鳴山七宝滝寺《いぬなきさんしっぽうりゅうじ》に比定する説がある。寺伝によれば、命がけで主人を守った愛犬を弔《とむら》うために僧となった猟師を開基とする。同寺は現在も山伏の集う山林修行の場であり、著名な地方霊山の一つである。

第一四項は、葛城山が『華厳経』菩薩住処品に説かれていると記し、第一八項では「葛城峰金剛童子御名」を示す。間の第一五・第一七項は、それぞれ第八項・第九項にほぼ同文で、ふたたび大峰について記し、第一六項も大峰に関わる一二条のさまざまな口伝を載せる。ここからも、『諸山縁起』が必ずしも当初から統一された構想のもとに編纂《へんさん》されたわけではなく、修行者たちに伝えられてきたさまざまな記録や伝承を、順次付け加えながら書写を繰り返してきたことがわかる。

最後の二項は、笠置山に関する記述である。第一九項は「一代峰（笠置山）縁起」で、平安時代の大峰修行者で冥土の旅を経験した道賢《どうけん》（日蔵《にちぞう》）の記とされる。第二〇項は「峰間宿所卅所」で、大峰・葛城山と同じく、笠置山周辺の修行の宿所を記す。

このように、『諸山縁起』は段階的に成立したため、ときには重複や構想上の混乱もある。それでも第一九項には、次のような説を付している。

そもそも今のこの（役）行者は、昔は大倭州《やまとのくに》（日本）の聖人であったが、今は大唐国の第三の仙人である。金剛山（葛城）は法起《ほうき》菩薩で、金剛界の峰、果《か》の曼陀羅である。金峰山は大聖威徳天《たいしょういとくてん》で、蘇悉地《そしつじ》の峰。一代峰笠置石屋は、補処《ふしょ》（次の世には如来となるべき立場）の弥勒菩薩で、胎蔵界の峰、因《いん》の曼陀羅である。三部の秘法の峰はこのようである。

ここでは葛城山を金剛界《こんごうかい》曼荼羅、笠置山を胎蔵界曼荼羅、そして大峰を金胎《こんたい》の二つの密教の世界観を一致させる蘇悉地曼荼羅と見る説を示している。つまり、天台密教の思想にもとづき、役行者の活動と三山の信仰を統一的に説明しようとしたものであり、三山一体の修行を志した天台系の修験者のさかんな活動を暗示している。ここからは、『諸山縁起』は実践修行者のマニュアルやガイドブックの性質を持つものの、またある程度高度な仏教思想の裏づけも得ながら発展成立していった書物であったことがうかがわれよう。中世でも早い時期においては、このような書物が必ずしも多くの修行者に共有されたわけではない。それでも『諸山縁起』は、実践を重視しながら形成された山林修行者たちの「教理書」としての性格も持っていた。

2 熊野参詣の時代

院政鎌倉期貴族の熊野参詣

さきにも述べたように、院政期の山の宗教の中に〈導く者〉と〈導かれる者〉の関係が成立した。そこで、導く者の立場から記されていった縁起を集積したのが、『諸山縁起』である。つぎに並行して、導かれる者たる在家のひとびとが残した山林修行の記録を見てゆこう。縁起類が導く者つまり専門的宗教者の立場から、導くというなかばはっきりとした目的のもとに編集されていったのに対し、在家のひとびとは、さらに多様な立場からみずからの山林修行の体験を自由に残している。それらをつなぎ合わせることから、今度は導かれる者にとっての山の宗教の世界が見えてくるであろう。

寛治四（一〇九〇）年、白河院が熊野にはじめて御幸《ごこう》した。これ以来、歴代の上皇の参詣がさかんとなる。白河院は九度、鳥羽院は二一度、後白河院は三四度、後鳥羽院は二八度もの御幸を行っている。儀式やタブーに縛られて、容易に内裏・都を離れることのできない天皇に比べ、より自由な立場の上皇たちであったとはいえ、この時代の旅行は現在と比してかなりの困難がともなった。かつ治天の君の御幸となれば、そのつど多くの人員や費用も必要である。

そうしたことを考えれば、都から紀伊山中までの度重なる院の参詣が意味するものの大きさを、誰もが思わずにはいられまい。院権力を支えた近臣は、しばしば国守に任じられ地方経営を委ねられた。この受領たちは、国々の経営に成功して経済的に裕福になると、院が願主となって建てられる御願寺や、院の寺院参詣に積極的にその富を投資した。熊野に至るまでの道中の宿所や乗用の馬などの手配、そしてそのための費用は、彼らの支配する国々や院領荘園に賦課されていったのである。同行者も増幅し、その数は最大一五〇〇〜二〇〇〇人にのぼったとも推定されている。受領らはこの手柄によって、さらに続けて国守に補任され、ますます富を蓄えてゆく。

このような熊野御幸については、白河院に仕えた貴族、中御門《なかみかど》宗忠《むねただ》の『中右記』をはじめとするさまざまな公家日記に記録が残されている。鳥羽院が熊野本宮において山伏の入峰の作法に結縁したことについてはさきに紹介したが、この記録もまた源師時の日記『長秋記』に残されたものであった。鎌倉時代になると、とくに参詣の一部始終を別立てとした「別記」も作成されるようになる。貴族たちにとっても、はるばる熊野までの旅に随行することはそうしばしばあることではない。そこで、道中の様子や宿所などに関するさまざまな手配を詳しく記すとともに、熊野神の御子神たる数々の王子社や熊野三山での参拝の作法なども興味深く観察して、一族や子孫に伝え残そうとしたのである。

このような熊野御幸の始終を記した日記の中でも、とくに著名なのは藤原定家《さだいえ》『明月記《めいげつき》』である。建仁元（一二〇一）年一〇月の、後鳥羽院による熊野御幸に随行したときの記録である「熊野御幸記」（三井記念美術館所蔵）自筆本が、毎日記される「日次記《ひなみき》」とは別立ての「別記」の形でいまに残されている。このとき院は随行の近臣を精選したが、のちに『新古今和歌集《しんこきんわかしゅう》』として完成する勅撰集編纂の成功を祈って歌人をとくに多くともない御幸に出発した。そのひとりに選ばれたことは、歌人としてのプライドがきわめて高い定家にとって、この上ない名誉であった。山の宗教といっても、そこには純粋な信仰だけでは説明できない在家のひとびとの多様な思いが重ねられていったのである。

こうしてなった「熊野御幸記」には、道中の詠歌に関してはもちろん、御幸の行程や道中における宗教儀礼が詳しく記された。さらには、院御幸を成功させるために行列の前後を奔走する一近臣としての定家の苦労や旅の困難さ、そして霊験あらたかな熊野神に参拝できたことの喜びが、稀代《きたい》の天才歌人ならではの文学的感性を通じてよく残されている。これもまた、中世における山の宗教の一面をよく物語っている。そこでここからはダイジェストな形で、しばらく読者といっしょに「熊野御幸記」を読んでいきたい。その旅の始終を寸描することによって、読者もまた定家とともに中世の山の宗教を体感することができるだろう。

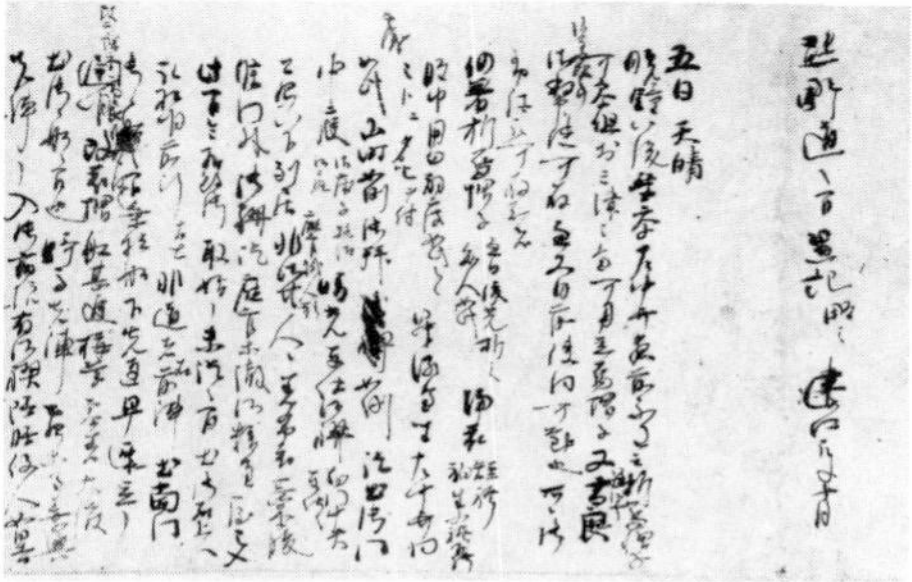

藤原定家「熊野御幸記」巻首

熊野への旅立

熊野参詣は本宮・新宮・那智の三山登拝を最終目的とするものの、宗教儀礼は出発前、普段の居所から別屋に移っての精進より始まるのがつねであった。建仁元年一〇月五日、このためすでに洛南《らくなん》鳥羽殿《とばどの》に宿していた院は、いよいよここから出発することになる。道中も、往路はとくに名神大社に立ち寄り、また旅路に連なる王子社へつぎつぎに参詣しながら進む。この日はまず、石清《いわし》水《みず》八幡宮《はちまんぐう》において奉幣の予定があった。院の出発時には、公卿以下が列居した。熊野までは供をしないひとびとも、外出・旅行の際の軽装である布衣を着け、藁沓《わらぐつ》を履いていたという。未明に行列が鳥羽殿を出発、南門を出た院は淀川《よどがわ》で乗船する。参詣の全体を宗教面で統括する先達は、すでに先行していた。

定家は自身の船に乗って鳥羽へ急いだが、ようやく院の乗船に間に合うと、ここからは船に並行して騎馬で先へ進んだ。石清水八幡宮の鎮座する男山《おとこやま》のふもとでみそぎを済ませると、定家は末社である高良社《こうら》への奉幣に奉仕、院は馬場より歩いて山上にいたった。院の拝礼が済むと、続いて経供養があったという。

神仏習合のこの時代、神前に御幣を捧げたあと、神の本地（本来の姿）は仏であるとの考えから、仏教儀礼も執行されるのはごく普通のことであった。かつて奈良時代にいち早く神身離脱を遂げた八幡宮は、古くからそのような神仏習合がもっともさかんな神社のひとつである。その本地はこのころ一般に、阿弥陀如来と考えられていた。熊野社も同様で、三山のうち本宮の本地もまた阿弥陀如来なのであった。こののちも、道中では神仏両様の儀礼がないまぜとなって執行されてゆく。

翌六日は、摂津住吉社《すみよし》より和泉の平松王子《ひらまつ》までの旅程であった。この平松王子（和泉市幸）というのが、さきにも触れた王子社のひとつである。王子は熊野神の御子神で、主要な五社（五体王子）を中心に熊野九十九王子と総称されていた。時期によっても異なる

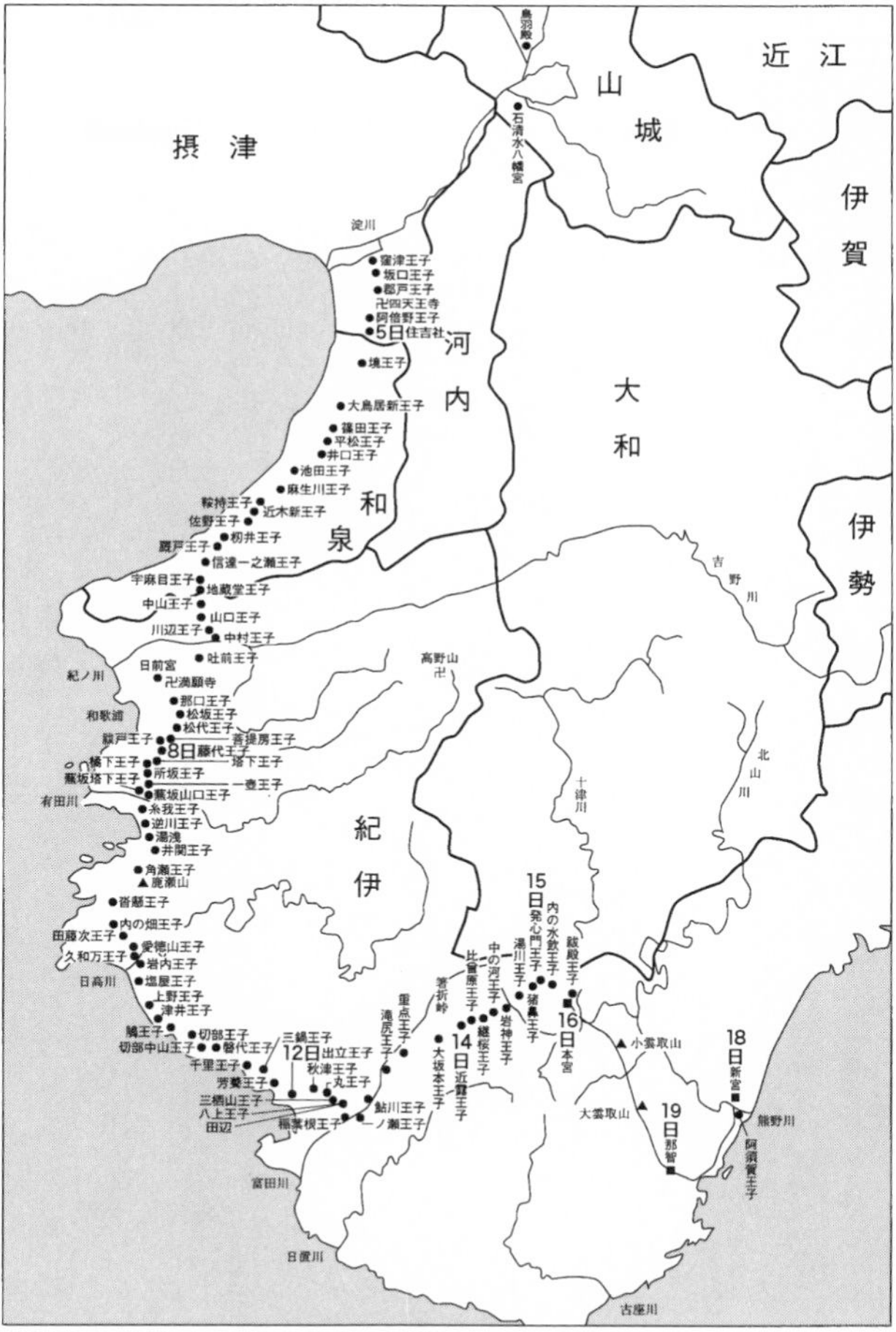

熊野古道略図（日付は定家らの到着日）

が、多くの御子神が熊野道に祀られていた。そのかたわらを通過する際には、奉幣や神楽・読経など、宗教儀礼や芸能によって神を楽しませ、威力を増す法楽が行われたのである。また王子社は、宿所としても利用されている。この日、平松王子ではとくに「乱舞」が行われた後、院はこの御幸のためにあらたに設けられた御所にお入りになり、供の貴族たちもおのおの宿所に入った。それらは和泉の受領によって手配された仮屋であったが、定家らに割り当てられたのは三間の小屋で、板敷はなかったという。土間の上にむしろでも敷いて寝たのであろうか。

この日、さきに住吉社に参詣した際、定家は院の要請によって「初冬霜《はつふゆのしも》」という題で歌を詠み、神に奉納した。御幸の行われた一〇月は、旧暦の世界ではすでに冬である。

冬やきたる夢は結ばぬ狭衣《さごろも》に　重ねて薄き白妙《しろたえ》の袖

寒さに夢を見るともなくまどろむなか、衣の袖に白い霜が降りる……。冬の旅先で、ふと目覚めた未明の感慨を詠んだ歌であった。いっぽう院は、おなじく神に捧げて次のように詠んでいる。

かくてなお変わらず守れ代々《よよ》を経て　この道照らす住吉の神

ずっとこの道を照らしてきた住吉の神よ、これからも変わらず守護したまえ、というその「道」とは、熊野へと続く道すなわち院の神への信心であり、和歌の神である住吉神が加護すべき歌道であり、そしてみずから治天として歩む王道なのであった。定家がこの歌を見て、「感歎の思いを禁じがたく、神の感応はもちろんであり、このときごいっしょに参拝できたのは一身の幸である」と日記に書きつけたのは、しかし院に対していささか追従の気が過ぎないでもない。

道中の辛苦と感嘆

数日を経て紀伊国に至ると、九日は藤代《ふじしろ》王子より湯浅《ゆあさ》までの旅程となった。この日、定家は院御所の近くでみずからの宿所を問うと、あろうことか「もうありません」と言われた。いまさら、紀伊国の役人の手配は散々であると不満を言ってもらちが明かない。そもそも宿所として用意された仮屋はわずかで、国司にコネのある者でなければリクエストしても数のうちに入らないらしい。

じつは定家のほうでも、あらかじめ小宅に目を付けて札を立てておいた。宿所として押さえたことを明示するために、入り口あたりに立札を掲げたのであろう。ところがこれは、内大臣源通親《みちちか》の家人に横領されてしまい、彼らはどうしても出て行かないと怒りだす始末だという。国の担当者に「わたくしの責任の範囲外です」と言われた定家は、人の身分によって差がつけられたのであり、相論しても意味がない、どうせ数に入るべき身の上でもない、とついに諦めた。

こうして一夜の宿に窮した定家一行は、院御所を過ぎてなおはるかに宿所を探して歩く。川を渡ってその先の「いわうち王子」のあたりで、やっと小家を見つけることができた。ここで定家と親しい聖護院宮静恵《じょうえ》法親王および、妻の身内の民部卿《みんぶきょう》藤原実明《さねあきら》両人からの書状を受け取り、また覚了房《かくりょうぼう》が熊野より下向してきて落ち合ったという。定家には、京都から先達円勝房《えんしょうぼう》が付き添っていたが、熊野側からも御師《おし》覚了房が途中まで出迎えたのである。覚了房には代理でもよいと伝えてあったのに、わざわざやってきてくれた、と定家は記している。参詣者を熊野に導き接待する先達・御師の役割については、のちに説明しよう。

このように、街道や宿場が後の時代に比べてまったく未整備であった熊野道において、定家のような中級貴族でも、宿所を押さえるのには大変苦労した。院の御幸に際してそれらを手配するのは、基本的には受領を通じた道中の国々の責任であった。しかし実際には、それも都における権勢やコネクションに左右され、地元の役人からも冷たくあしらわれた。定家程度の身分では軽く弾き飛ばされてしまったわけである。あとは自力で何とかするしかなかった。それでも定家の旅がまったく孤独だったわけではなく、熊野に影響力のある聖護院宮や他の貴族と道中において連絡を取り、みずからに奉仕してくれる修験者も私的に確保していたのである。院のお供とはいえ、こうした関係がなければ事実上旅行を続けることは難しかっただろう。

なお、この日の院御所は深淵に臨んで設けられ、「水練」つまり水泳の便宜があったという。後鳥羽院は乗馬や狩、水泳などを好んだことが知られており、体を動かすのが好きな天皇であった。そこで、道中にあっても水泳を嗜《たしな》んだということなのだが、霜が降ると定家が歌に詠むような季節に川で泳ぐとは、水の冷たさを思うと身がすくむ。

これから海沿いに紀伊半島西側を南下し、一三日には田辺《たなべ》よりいよいよ山路に入った。このあたりで馬を預け、ここからは歩行で熊野を目指すことになる。石田《いしだ》川（富田《とみた》川中流）を渡って一ノ瀬王子に参り、そこからまた渡ってアイカ（鮎川）王子に詣でた。この時代には渡河の際、橋など架かっていないこともよくあり、浅瀬を選んで歩いて渡るのだ。このとき定家は、股まで水に浸かって進んだという。だが、川間には紅葉が茂り、浅深の影が波に映る気色は殊勝でもあった。ついで「崔嵬嶮岨《さいかいけんそ》」つまり岩の険《けわ》しい山道を登り、河音も激しい巌石の中に位置する滝尻《たきじり》王子に到着した。

滝尻は、さきに触れた藤代とともに五体王子の一つであり、いよいよ山中を行くことになる熊野道の拠点として重視された。現在も、ここから熊野古道ハイキングを楽しむのが一般的である。熊野本宮大社まで約四〇キロメートルの行程を、筆者の場合もここから出発し、途中で一泊して仲間とともに踏破した。世界遺産への登録以後だったので、すでに道はよく整備されていた。履物に注意し、地図・防寒具・行動食・飲料水などを持参してゆけば、歴史の道の快適な山歩きが楽しめる。筆者のグループはとくに、現地における熊野古道研究の第一人者、故杉中浩一郎氏の案内を得たことで印象深かったことも多い。

この滝尻において、定家は「河辺落葉」と題する歌を詠む。


染めし秋を暮れぬと誰か岩田河　また波越ゆる山姫の袖

美しく紅葉に染まった晩秋の山が暮れゆくのを惜しみ、その中を岩田川の波を越えて流れゆくもみじの落葉を、山の姫神の袖と見まごうと愛でた一首であった。苦しい旅の中にも、定家は岩や川、木々のたたずまいから山中の景色の数々を見逃さない。この時の定家にとって、院のお供であっても、あくまで熊野に向かって歩くかぎり、これは間違いなく山の宗教の中に身を置いた修行の旅でもあった。のちの時代の歌人のように、決して詠歌を主たる目的とした物見遊山ではなかったが、それでも歌人としての観察眼は、山中においてますます冴えていったのである。

一日おいて、一五日には近露《ちかつゆ》王子から発心門王子まで進む。熊野本宮までは、もう一息であった。ここで定家が、京都で旧知の南無房《なむぼう》なる女性歌人の宅に宿を取り、その門柱に漢詩と和歌を書き付けたことは、つとに知られた定家の熊野への旅の一コマである。定家は今回、つねには筆記具を持参しておらず、また思うところがあって、いままでこのようなことをしてこなかったという。その詩歌とは次のようなものであった。

慧日光《えにちこう》の前に罪根を懺す、大悲道上の発心門、南山月下結縁《けちえん》の力、西刹雲中旅魂を弔う

入りがたき御法の門は今日過ぎぬ　今より六つの道に返すな

仏の慈悲の中を歩んで罪を滅し、さとりの心を起こす「発心門」までたどり着いたからには、この縁によって西方浄土に向かうべきであり、苦に満ちた輪廻の世界である六道《りくどう》に

決して引き返すものではない、と信心をあらたにしたのであった。熊野本宮の本地仏が、西方極楽浄土の阿弥陀仏であることを踏まえつつ、さらにここでも満山のもみじが風に吹かれるのを鑑賞しながら、もう一首を禅尼の堂に書き加えた。だがのちに聞いたところでは、彼女はがんらいこのような落書を禁止していたという。

夜になって月が出るころ、定家は行水して王子社の宝前を拝した。この日の記事の最後に、彼はなお次のように書き付けている。

今日の道、深山にして樹木多し。莓苔《ばいたい》あり。その枝に懸ること、藤枝のごとし。遠く見るに、ひとえに春柳に似る。

うっそうと木々の茂る冬の深山を行くなか、見上げれば枝には夏の花である藤枝のように垂れ下がっているものがある。おそらく、苔むしたヤドリギなどを指しているのであろう。遠くから見ると、それは春の柳枝のようでもあった。つぎつぎに映る山の景色を、季節感を踏まえながら定家の眼はここでもたくみに捉えている。

熊野三社への到着

翌一六日、定家はついに本宮に到達する。払暁《ふつぎょう》に発心門王子を出発して本宮のすぐ手前にある祓殿《はらいど》王子の宝前に歩み出ると、山川千里を過ぎて、ついにここにたどり着いた感慨から涙を禁じ得なかった。食事などを取りながら準備して、しばらく院を待つと、午前一一時ごろに到着したので、本宮の宝前に供をして参拝した。

明治時代の洪水によって現在の高台に移転するまで、本宮大社は大斎原《おおゆのはら》と呼ばれた熊野川の中州にあり、そこには例によって橋も架けられていなかった。ひとびとは、旅装束の藁沓でざぶざぶと歩いて川を渡ると、これを履き替えないまま入堂し、拝礼したのである。この作法を、定家は「濡れ藁沓の入堂」と呼んでいる。みそぎの意味とともに、ようやく本宮に到着し、くつを履き替える間も惜しんで早く参拝したいという信心の発露を表しているのであろう。

熊野古道（祓殿〈戸〉王子附近の坂）

それから装束を整え、数刻ののちに改めて院の出御があって、奉幣が行われた。本殿である証誠殿《しょうじょうでん》をはじめ多くの摂社に奉幣があって、経供養・誦経も行われた。さらに舞・相撲などが奉納されたが、定家は咳がひどくて心も消え入るばかりの気分となり、参加しなかった。さらに腹の調子も悪く、ひどくのどが渇くなど糖尿病に似た「消渇《しょうかち》」にも侵され、散々であった。旅の疲れがいっきょに出たのであろう。

翌一七日には、「芝僧供《そうぐ》」が行われた。これは、御所の前庭に筵を敷いて「客僧座」とし、山伏がおのおの弟子を連れて、かわるがわる座につき次第、食事を供するというものである。一山の山伏への、院からの大盤振舞であった。この間、定家は宝前に参拝して心閑《しず》かに礼拝し、「出離生死、臨終正念」を祈念した。院は山伏入峰の作法をご覧になり、種々の御遊や先達の験競《げんくらべ》などが行われた。験競とは、山伏が左右に分かれて舞などを披露する芸能で、院の御幸を歓迎しての山伏らの余興である。しかし定家は、なお所労のため宿所で臥していた。疲れたというが、参拝祈願はしているので、アトラクションには興味がなかったのであろうか。あるいは、もはや院の御前で気を遣うのがしんどかったのかもしれない。

翌日は熊野川を河口部まで下って海岸近くの新宮に参拝、さらにその次の日には那智に向かい、途中で山海の眺望を楽しむ。二〇日には、ふたたび本宮に帰った。風雨の中であったが、道が狭いために笠を用いず、蓑笠でしのいだ。輿の中は、海の如くであったという。終日険阻な道を越えて宿所に着き、やっと食事にありつくが、「衣裳はただ水中に入るがごとし」とずぶ濡れのありさまであった。夜九時ごろ、ようやく本宮につき就寝する。二一日、ふたたび本宮を拝して院は還御《かんぎょ》の途に就き、二六日に都に帰着した。ともに都に戻った定家は、翌日旅行道具をことごとく水洗いし、恒例により雑物を謝礼として先達に送ったことを記して、「熊野御幸記」は終わる。

以上の顚末は、ある中級貴族の体験をのちにまとめて日記としたもので、そこからただちに当時のひとびとの一般的な参詣の実態を想像することはできない。ただ、定家でさえ宿所の手配に苦労したことを思う時、もっと身分の低いひとびとであれば、商業的な宿泊施設などほぼ存在しないこの時代に野宿はあたりまえであっただろう。さらにこうした身分を越えて、悪天候や道の険しさはすべてのひとびとに同じように降りかかった。

だが、このような苦しい旅はまた、山林修行の一環でもあった。事実、定家一行もまた先達なる宗教者に導かれ、ポイントごとに宗教儀礼を行ってさきに進んだのである。その意味で、江戸時代に広く成立してくる物見遊山型の寺社参詣とは、実態としても意味づけの面でも、かなり異なっていた。それでも都に暮らすひとびとにとって見慣れぬ海辺や山中の景色は、定家ほど鋭く切り取り描写することはできなくても、それぞれあくなき興味を引いたことだろう。

3　参詣のひろがりと修験者の活躍

周縁に広がる熊野信仰

院政期に全国的に広がっていった熊野信仰は、院をはじめとする都の貴族らの信心を集めた。もともと紀伊の地方神であった熊野神が、急激に人気を獲得したのである。とくに、一三世紀までには熊野信仰は奥州にも広がり、その北端の津軽《つがる》地方にまでいち早く浸透していった。辺境のひとびとは強烈に中心的世界を意識し、そこに流行っていた文化的動向をいち早く吸収しようとしていたのである。これこそ、中世奥羽の宗教的特徴のひとつであった。分権的な中世の列島社会においても、ついに文化的な一体性を完全には失うことのなかった基本的構造がここに表れている。

辺境のひとびとを熊野へと導いた典型的な事例のひとつとして、奥州を拠点として鎌倉時代から南北朝期にかけて活動した持渡津《もちわたつ》先達がよく知られている。持渡津は、いまは失われた地名であるが、宮城県遠田《とおだ》郡美里町不動堂付近であるとする説がある。この持渡津先達は、中世に多く存在した熊野先達の典型的な姿を伝えているので、つぎに具体的に見てゆきたい。だがその前に、まず中世の山の宗教において、〈導く者〉と〈導かれる者〉

がどのようなシステムによって結び合わされ、列島各地から熊野への参詣を実現していたのかについて説明しておこう。

このころ熊野の修験者（山伏）は、地方に赴いて「檀那《だんな》」（信者）を組織し熊野へと導く「先達」と、現地で宿泊の世話や宗教的指導を行う「御師」に分業していた。これは、伊勢神宮や富士山など山の宗教に共通するシステムである。なお、熊野山の場合には一般に「おし」と読むが、他では「おんし」と読むことが多いようである。一般の信者は、先達と特定の師檀（師弟）関係を結ぶ。前節でみたように、熊野御師覚了房にとって、定家は「檀那」に他ならない。覚了房を通さなければ、たとえ後鳥羽院に供奉する身であっても、熊野において自由に奉幣したり、宿所の世話を受けたりすることは難しかった。このように、先達に率いられてきた檀那たちは、熊野において特定の御師の世話を受けるように決められていた。

こうして、道中における先達の檀那への宗教的指導権や、先達を通じて各地の檀那を独占する御師の権利はやがて「職《しき》」として物権化し、売買の対象となる。このときに作成されるのが「檀那売券」であった。かつて熊野那智大社の神職であったこの地域の豪族、米《め》良《ら》氏に伝来した『米良文書』には、この檀那売券が集中的に残されている。これらの売券から、全国に浸透した中世の熊野信仰を支えてきたシステムや、先達らのネットワークの実態を知ることができるのである。

この『米良文書』の一通として現在に伝えられてきたのが、持渡津先達の由緒を述べた貞和五（一三四九）年の「陸奥国先達檀那系図注文案」である。これによれば、持渡津先達は「根本」（最初の）先達である観性房豪祐《かんしょうぼうごうゆう》に始まる。彼は、この文書の作成当時から遡ること約一〇〇年、鎌倉時代前期の仁治元（一二四〇）年三月五日に、はじめて熊野に参詣した。以来、大進阿闍梨幸慶《だいしんあじゃりこうけい》まで四代にわたり、持渡津先達は親子関係によって先達職を継いでゆく。このとき、持渡津先達が率いる檀那の一行を熊野側で迎える御師職は三河阿闍梨浄範《じょうはん》が保持していた。ところが浄範は、この職を人に預けたりして（質入れしていたのであろう）、「願文」が不明であったという。

本来願文とは、自分がどのように善き行い（作善）を実践してきたのかについて、ときには分かりやすく目録にして神仏に示すなどしながら、自身の願いの趣旨を記して利益を祈る文書である。だがこの場合の「願文」とは、代々先達を引き継いできたひとびとの系譜や、檀那が熊野に参詣した年月日などを記したものを指す。ときにはその内容を証明するために当事者の花押《かおう》まで据えて、師檀関係の「縁起」（由緒）や実態を明らかに記すこともあった。このような願文が、檀那売券の価値や正統性を保証する文書としてしばしば添えられたのである。つまり「陸奥国先達檀那系図注文案」は、このとき檀那を引率して熊野にやってきた幸慶に、由緒を尋ねて作成された「願文」の性格を持っていた。これに先立ち、浄範がすでに檀那の質入れなどをしていたらしいことを考慮すると、近いうちに御師職を手放すための準備であったかもしれない。実際に応安元（一三六八）年、この御師職は浄範から熊野那智山執行道賢法印《しぎようどうけんほういん》に永代にわたり売却された。

「陸奥国先達檀那系図注文案」を見ると、持渡津先達の引率する檀那は奥州の広範囲にわたり、かつ有力者が多かったことが分かる。この文書が「願文」の性格を持っていたことを踏まえれば、引率者たる先達はもちろん、熊野の側で一行を受け入れる御師にとっても、この檀那たちを独占的に世話できることは大きな魅力であり、これから売買すべき御師職の価値を高めるのに十分役立ったであろう。「注文案」に記された以下の一条は、この檀那がいかに有力なひとびとであったかを具体的に語っている。

一、津軽三郡の内、尻引《しりひき》の三世寺《さんぜじ》の別当は、常陸阿闍梨房舎弟大和阿闍梨房にて候。彼引く檀那、皆当坊へ参るべく候。安藤《あんどう》又太郎殿、下国殿《しものくにどの》と号す。今安藤殿親父宗季《むねすえ》と申し候なり。今安藤殿師季《もろすえ》と申し候なり。この御事ども、当坊へ御参有るべく候。

三世寺跡にたつ神明宮（青森県弘前市）（上）
三世寺跡板碑群（下）

ここに表れる津軽三郡とは、岩木《いわき》川上流から津軽半島、青森湾に向けて広がる一帯を指す。本州最北端に位置する地域であることは言うまでもなく、中世日本の北の境界地域であった。その津軽地方を治め、北海道の渡島《おしま》半島にまで勢力を持っていた有力豪族が、ここにみえる檀那のひとり、安藤（東）氏の一族であった。このほかにも持渡津先達は、出羽国にも稲庭《いなにわ》殿・川連《かわつら》殿といった各地域を代表する在地武士団を檀那として抱えていた。現在、前者はうどん、後者は漆器で有名な地名で、両方とも秋田県に属する。この檀那らを引き連れてきた先達は、尻引三世寺別当の大和阿闍梨という山伏であった。

かつて「尻引」と呼ばれていた場所もまた津軽三郡のうち、現在の弘前市域にある。天台宗寺院であった三世寺はすでに廃寺となり、いまはそこに神明宮《しんめいぐう》が祀られている。筆者は近年、津軽地方に分布する「板碑《いたび》」と呼ばれる中世の石塔を調査するなかで、この地を訪れた。いざ現地に立ってから、文書に表れる津軽尻引三世寺がまさにここであったことに、はたと気づいて感慨ひとしおであった。

この神明宮の境内には、付近から集められた七点の板碑がいまも丁寧に祀られている。これらはいずれも、三世寺を核とする地域信仰圏の中で造立された。それらが建てられたのは、石に刻まれた年号により鎌倉時代後期から南北朝期であったことが分かる。つまり、持渡津先達がこの地のひとびとを引率して、遠く西日本の紀伊熊野まで旅をしていたのと同時代である。三世寺板碑群の中には、信心を同じくする集団（結衆《けっしゅう》）が造立した板碑もある。それはことによると、この文書に表れる熊野信仰によって結ばれた有力な檀那の面々が建てたものであったかもしれない。ここにもまた、山の宗教の先にある中世の信仰の姿が残されていた。

熊野修験と修験道本山派

鎌倉時代以降、列島の隅々にまで浸透していった熊野信仰の背景には、このような先達・御師といったシステムや熊野山伏のネットワークが欠かせない。とはいえ、その組織化はかなり時間をかけて、ゆるやかに進んでいった。後年、熊野修験の由緒を強調するため、その組織は古い時期にいっきょに確立されたかのように語られることが多かった。現代にいたっても、そのような過去の言説にもとづく説明が行われることがあるが、注意が必要である。たとえば、のちに熊野の修験道を統括する聖護院門跡も、永い歴史的経緯を経て室町時代にいたり、ようやくその立場を占めたのであった。

聖護院門跡の由緒は院政期の寛治四（一〇九〇）年、聖護院を開いた寺門（天台宗園城寺派）の増誉《ぞうよ》が白河上皇の熊野御幸の先達を務めた功により、はじめて熊野三山検校に補任されたことに始まると説かれてきた。しかし、近年ではこの事実は疑問視されている。聖護院は門跡寺院として受け継がれるものの、南北朝期に至りいったん断絶してしまう。そこで法流上関係が深かった常住院《じょうじゅういん》から道意《どうい》（二条良基《よしもと》男）が門跡を継承し、聖護院はなんとか再興される。じつは、この常住院こそ熊野三山検校職を相承し、修験者の門流として認知されていたのである。そこでこれ以降、ようやく聖護院門跡と熊野修験道の強い関係が構築されていった。

やがて聖護院門跡は、門下に多くの「院家《いんげ》」を擁するようになる。常住院もそのひとつであった。ここで門跡と院家についても説明しておきたい。まず門跡は、それぞれの宗派を代表するような寺院であり、特徴的な役割を果たしていた。時代が下ると親王や摂関家の子弟などの貴種が門主となることが一般的になった。宗教上も、その宗派を代表するような重要な法流を継承している場合が多い。東大寺・興福寺・延暦寺・園城寺などの大寺院は実態としては、いずれも中世にはこうした門跡寺院を含む多くの寺院の複合体であった。

たとえば東大寺には東南院《とうなんいん》と尊勝院《そんしょういん》、興福寺には一乗院《いちじょういん》と大乗院《だいじょういん》、延暦寺には青蓮院・妙法院《みょうほういん》・三千院《さんぜんいん》、そして園城寺には円満院《えんまんいん》と聖護院といった寺院が含まれ、それぞれ大きな権勢を誇っていた。こうした、いわば寺院内寺院を院家という。門跡は、配下に同じ法流、すなわち「門流」に属する複数の寺院を擁しており、代々の門跡がそれぞれの院主を補任する権利などを保持し、支配権を継承していった。こうした門流各寺院もまた院家である場合が多い。

聖護院の場合には、若王子《にゃくおうじ》・乗々院《じょうじょういん》（もと別だったがのちに一体化）という院家が門跡の配下にあって、熊野三山奉行職を相承するという役割を果たしていた。近藤祐介氏によれば、この院家は門跡の命令書である令旨《りょうじ》を独占的に発給することにより、聖護院系の山伏らに対して実力を行使するようになる。だが氏は同時に、聖護院門跡が当初は必ずしも各地域の修験集団を積極的に組織してはおらず、彼らから申請があったときのみ、消極的に応じていただけにすぎなかったことにも注意をうながしている。積極的に訴訟や補任に介入して、天台宗聖護院門跡のもとに統括される山伏の組織である「本山派」が確立してゆくのは、なおのちの段階の出来事だったのである。

参詣記から紀行文へ

修験道が独自のシステムを構築し、中世を通じてゆるやかに組織化しながら全国に展開していく段階は、いままで本章で扱ってきた中世の山の宗教の諸相を語るさまざまな史料が形づくられてゆく過程にも反映されている。最初に生まれてきたのは、〈導く者〉たる修験者たちの宗教的伝承を記録する縁起類であった。つぎに〈導かれる者〉たちもまた、貴族であれば日記（別記）の形で、みずからが体験した山の宗教の始終を、それぞれの地位や立場、関心などに沿って記録するようになる。ときには定家のように、山林修行としての旅でありながら歌人としての感性をちりばめたユニークな日記も残されている。このような両者の関係が発展成熟する中で、檀那売券や願文のような文書がさかんに作成されるようになったのである。

こうして室町時代になると、修験者と檀那の両方において山の宗教に関する記録がさかんに作成され、それがさらにあらたな引導・参詣のスタイルを生み出してゆく。なかでも、聖護院道興《どうこう》の廻国修行から生まれた廻国日記というスタイルは、いままでになかった山の宗教の記録法であった。廻国日記は、それまでの山林修行や参詣のスタイルが次の時代へと橋渡しされてゆく中で生まれてきたのであり、その内容も当時の列島に展開していた山の霊場の関係や実態を伝える記事に満ちている。そこでふたたび読者とともに、こんどは『廻国雑記《かいこくざつき》』を読んでゆこう。

『廻国雑記』を読む

『廻国雑記』を記した道興は、関白近衛房嗣《ふさつぐ》男として室町時代前期に生まれ、戦国時代に活動した、園城寺長吏《ちようり》・聖護院門跡・熊野三山検校を兼務する人物であった。彼は、すでに戦国の世となった文明一八（一四八六）年六月上旬より約一年の間に東国を巡歴し、その後、明応二（一四九三）年には西国歴遊に向かうなど、全国の聖跡や名所旧跡を巡った。そのうち、東国巡歴の記録として残されたのが『廻国雑記』であった。

彼は貴族僧であったが山林修行への関心が高く、修験装束に身を包んで本格的な長途の霊山巡礼にたびたび出かけた。ただし『廻国雑記』は、文学的関心から個人的な感慨を多く記した歌日記であり、苦行性・宗教性を旨とする中世前期までに見られた縁起・参詣記とは、いちじるしく体裁や内容が異なる。つまり、この史料は山の宗教の記録というよりは、なかば旅行記と見るべきだという意見もある。たしかに、聖護院門跡にとって廻国巡礼はまぎれもなく宗教行事であったから、その旅に関する記録はこのような形とは別に記されていたのかもしれない。

とはいえ、『廻国雑記』とそれまでの参詣記等との間に、ことさらに大きな線引きをする必要もないと筆者は考えている。すでに藤原定家の「熊野御幸記」の段階でも、そこには定家の関心に沿って多くの詠歌が記されていた。中世のひとびとにとって、参詣廻国の信心と文学的な感慨といった旅の楽しみとは一体化している。

『廻国雑記』には、参詣という形を取りながらも、旅それ自体に関心が高まっている様子がはっきりうかがわれる。やがて近世にあらたな形でさかんになる寺社参詣のきざしを、ここに明瞭に感じ取ることもできよう。加えて道興の廻国は、動乱の時代にあって聖護院門跡と諸国の権力者との関係を強め、また各地域の修験集団を「本山派」に編成しようとする政治的意図があったことも考えられる。続く時代に同じく廻国した聖護院道増《どうぞう》の段階になると、そのような性格はさらにはっきりしてゆく。

越路の旅と山林修行

『廻国雑記』は、前将軍足利義政およびその子、九代将軍義尚《よしひさ》らにいとま乞いをし、六月一六日早朝に京都岩倉の自坊を出発するところから始まる。都から北に向かって若狭（福井県）小浜《おばま》に抜け、守護武田《たけだ》氏のもとに立ち寄ると、そこからさらに北陸地方日本海側を北上する。七月一五日に越後《えちご》（新潟県）国府に到着すると、上杉《うえすぎ》氏のもとを訪れた。この間の行程には、もちろん白山・立山が含まれている。彼は白山で、「禅定《ぜんじょう》」すなわち山林修行を行った。中世のひとびとがたどった、白山頂上へと続く古道の跡はいまも残っており、歴史の道「白山禅定道」として整備が進められている。おそらく道興もこれを通って、三の室に至った。ここで夏を越えて初秋の山上に残る雪に感慨を催し、

白山の名に顕れて御越路や　峰なる雪の消ゆる日もなし

と詠んでいる。なるほど白山というだけあって、越前（福井県）からはじまる越路を通るなか、雪を頂く姿を拝したのであろう。現在でも、真夏の頂上付近に多く残る雪渓は雄大な景色に花を添え、白山登山の楽しみのひとつとなっている。

立山でも「禅定」を行うと、頂上付近に流れる沢に差しかかった。これは、あの世に行くときに渡る「三途川《さんずのかわ》」に擬されていたらしい。また翌日、下山の折には地獄めぐりを行うと、そこで熱湯がふつふつと湧き出るさまに恐ろしさを覚えた。これは、いまでも室堂平から雷鳥沢に至るトレッキングコースから左手に見渡すことができる、いわゆる地獄谷に展開する風景を指す（目下、火山活動が活発で立ち入り禁止）。

室堂平から地獄谷を望む

ここは当時、この世でありながら地獄そのものと考えられ、その中を通過することによってあの世を体験するのであった。立山地獄は古くから『法華験記』などにも説かれ、山の異界性を説明する中でよく引かれてきた。しかし、道興の時代にはすでに山頂までの登山路から地獄めぐりの作法までが確立しており、アトラクションやパビリオンこそないが、さながら地獄のテーマパークをめぐるバーチャル体験を語っているかのようである。この意味では、本書の前半で考えた古代人の山頂に対する日常と隔絶した意識とは著しく違って、この時期の山頂の異界性はかなり身近なものになっていた。

道興はここで、どのような地獄をバーチャルに体験したのだろうか。それは、彼が詠んだ次の歌からうかがわれる。

この身にて渡るも嬉し三瀬川　さりとも後の世には沈まじ

死出の山その品々や沸き返る　湯玉に罪の数を見すらむ

まずは山伏として、現世においてあの世との境に流れる三途の川を渡るという宗教体験をうれしく思った。しかしまた、後世にはそこに沈まずに往生することを願ったのである。さらに、地下から噴き出す熱湯の泡を数えては、罪の多さに懺悔の心を催しているのであった。このように道興は、地獄谷に怖れを抱きながらも、またいたく興味を惹かれてもいたのであった。『廻国雑記』には、花鳥風月を愛でるばかりではなく、仏典に素材を採り、その内容を歌に詠み込んだ法文歌《ほうもんか》のような宗教的な詠歌も記されている。身分は著しく高いながら、あくまで修験者であった人の残した「歌日記」の宗教的な性格をよく示している。

東国入り

続いて道興は、直江津《なおえつ》から三国《みくに》峠を越え、ついに東国に入った。上野《こうずけ》国（群馬県）で修験の坊を訪れてから、武蔵国（埼玉県・東京都）に入る。途中から東に進路を取って房総半島に至り、下総《しもうさ》（千葉県）から南下して上総《かずさ》（千葉県）木更津・鹿野山神野寺《かのうざんじんやじ》（君津《きみつ》）と内房を南下すると、外房で清澄山《きよずみやま》・那古《なご》観音などを参拝した。

清澄山は、房総半島の他の山々と同じく、それほどの高山ではない。しかし、古くから山林修行の霊場として、山の宗教の世界ではよく知られている。ここで夜通しお籠りをする「通夜」の折、道興は次の歌を詠んだ。

暁の誰時星《たれどきぼし》も清澄の　海原遠く登る山かな

薄明の時間、誰がだれなのか見分けがつかない時間に昇る星。つまり明けの明星である金星が、清澄山から海上に見えたという情景である。その美しい描写を楽しんで終わりにしてもいいのだが、じつはこの歌ひとつにも、この山寺に伝えられた長い山林修行の歴史がにじみ出ている。清澄山は日蓮の郷里に近く、幼少期の彼はここで修行に励んだ。その折、本尊である虚空蔵菩薩《こくうぞうぼさつ》に「日本第一の智者となし給え」と祈念したところ、本尊から右の袖に宝珠を頂いたと日蓮はみずから語っている（「清澄寺大衆中《せいちょうじたいしゅうちゅう》」）。

ここから、日蓮は清澄山において古代以来の山林修行の伝統の中で継承されてきた「虚空蔵菩薩求聞持法《ぐもんじほう》」を修し、その成就の兆しとして宝珠や明星の夢を感得したものであろうと考えられている。なぜならば、この宝珠や明星こそは虚空蔵菩薩の知恵の象徴とされており、求聞持法成就の折には、これらに関する奇跡や夢想を必ず体験するとされていたからである。

虚空蔵求聞持法は記憶力の増進に効果があるとされ、とくに『法華経』を暗誦しようとする多くの山林修行者が宗派を越えてこの法を実践していた。中世の清澄山が求聞持法の聖地としてよく知られていたことはすでに明らかにされており、日蓮のみならずこの山に多くの修行者が集まっていたことだろう。道興もまた、このような清澄の山の霊場としての性格を踏まえて、さきの詠歌を残したのであった。道興の暮らした時代の京都では、日蓮宗が大きな勢力を持ちつつあった。彼の兄である関白近衛政家などもその熱心な信者であったから、あるいは祖師日蓮の伝記に関する知識もあって、これをも踏まえたかもしれない。

東国の名所を巡る

安房から海路で三浦三崎へ渡った道興は、九月上旬には鎌倉に入る。そこからいったん関東平野を北上して日光に至り、二荒山や中禅寺立木《たちき》観音を拝した。ついで常陸（茨城県）に向かい、九月二四日には筑波山《つくばさん》に到着する。ここからふたたび下総を通過、さらに武蔵岩槻《いわつき》を経て浅草寺《せんそうじ》に参詣し、歌枕である隅田川《すみだがわ》などを訪れた。ここから相模《さがみ》（神奈川県）の名所も巡ってふたたび鎌倉に至ると、今度は鶴岡《つるがおか》八幡宮・鎌倉五山などを訪れている。

日光では、地名に懸けつつ二荒山を讃えて、

雲霧もおよばで高き山の端に　沸きて照りそう日の光かな

と詠んだ。高く聳える山際に沸く雲を日光が照らしているという雄大な情景も、山林修行者が詠んでいると思えばひときわ味わい深い。ここで道興は、「やますげの橋」という深秘《じんぴ》の子細ある橋にまつわる歌も残している。

法の水水上深く尋ねずば　架けても知らじ山すげの橋

詳しくは縁起に見え、あらわに記すべきではないと彼は言うが、これは「山菅橋《やますげ》」すなわち、現在日光神域の入り口付近にかかる「神橋《しんきよう》」のことである。この橋には、日光開山勝道上人《しようどう》が急流に阻まれていたのを、二匹の大蛇が橋となって助けたとの伝説が伝わっている。ここにも、修験者らしい視線が感じられよう。

二度目の鎌倉入りの際の鶴岡八幡宮では、かつて鎌倉時代の別当隆弁《りゆうべん》が、道興と同じ寺

門派の出身として重用されたことに触れている。さらにその弟子であり、同じく九条家の血を引く道瑜《どうゆ》も別当となったことを語り、自身にとって由緒無双なることを思い出して次の歌を奉納した。

神も我が昔の風を忘れずば　鶴が岡辺の松と知らなむ

神の加護のもと、昔の由緒にちなんでふたたび自身の門跡から別当を補せられんことを「待つ」と言い、鶴の丘に生える境内の「松」に懸けつつ、八幡宮と自身の門流がともに長く栄えるよう願ったのである。鶴岡八幡宮は山林寺院ではないから、この歌に込められた感慨は必ずしも山の宗教の世界に直結するわけではない。だが、聖護院門跡という宗教権門を率いる道興であってみれば、鶴の丘を見上げて単にその美しさを寿ぐだけでは済まなかったのである。高位にある山林修行者の別の一面を語る一首であった。

こうして鎌倉を後にした道興は、金沢称名寺《かなざわしようみようじ》・藤沢遊行寺《ふじさわゆぎようじ》・箱根山《はこねさん》(箱根権現)・三島《みしま》大社と東海道を西行した。富士山麓では修験諸坊も訪れている。もちろんいっぽうで彼は、田子浦《たごのうら》や三保《みほ》の入海《いりうみ》(松原)といった歌枕もしっかりと押さえることを忘れていない。そのまま西には向かわずにまた北上して、足柄山《あしがらやま》から武蔵川越《かわごえ》に向かい、大塚《おおつか》十二坊に逗留して越年した。ここからさらに甲斐国（山梨県）に抜けて、岩殿山《いわどのやま》・柏尾山などを巡礼し、塩山を経て甲府武田氏を訪問する。二月一五日には富士吉田に出て、ふたたび武蔵・上野と進み、三月二日には下野《しもつけ》（栃木県）佐野に至った。

そこから道興はついに陸奥白河関《しらかわ》を越えて、棚倉八槻社《たなくらやつき》に到着した。八槻社は現在の福島ほか二県にまたがる八溝山《やみぞさん》に鎮座する都々古別《つつこわけ》神社で、その別当は中世には東国の有力な修験者であった。陸奥には、浅香山《あさかやま》や宮城野《みやぎの》といった歌枕も多い。しかし、このころ都の貴族が実際に訪れることは容易ではなく、ながらく王朝文化の中で伝えられ、熟成されてきた幻想的な世界のうちにイメージされるのがつねであった。これらをつぎつぎに実見できた歌人としての道興の旅情は、おおいに満足したことであろう。

実方《さねかた》中将墳墓・松島《まつしま》と進むと海路で塩釜《しおがま》に向かい、また仙台平野に戻って榴岡《つつじがおか》（現在のJR仙台駅付近）から名取川《なとりがわ》に至る。名取には、すでに鎌倉時代には名取熊野三社が繁栄し、地域信仰圏の核となっていた。ここからさらに南下して、道興はふたたび都を目指したはずである。しかし、『廻国雑記』はここで終わり、何らかの事情で以後の帰路を記さなかった。おそらく、応仁文明の乱後の混乱状況に連動した急事に対応するため、帰途に専心したのであろう。

道興ののち、一六世紀になると同じく聖護院門跡道増（近衛尚通《ひさみち》男）が諸国を山伏修行のために廻国した。しかし、その動きは道興よりもはるかに政治的であり、室町将軍と諸国の戦国大名との調停や、本山派山伏統制のための活動が顕著である。道増は廻国日記などは残していないが、黒嶋敏氏によると、彼の廻国は天文一四（一五四五）年から確認できるという。当初は武蔵や陸奥など東国が主であったが、永禄四（一五六一）年以降は毛利氏への工作のために西国へ赴き、最後は安芸国（広島県）で客死《かくし》している。

読者はここまで、道興の『廻国雑記』を読み進めることによって、あこがれの歌枕での感慨を込めた詠歌の世界と、山伏として、また聖護院門跡としての彼が山林修行に捧げた信心の世界のあわいを、いっしょに旅することができただろうか。もし少しでもそのような追体験が可能であったとするならば、それはこの時期の山の宗教が、道興個人に留まる世界を越え、多くのひとびとに共有されるような感性やシステムをもって、社会の中に広く根づいていったことを示している。言い換えれば、地方ごとに中世を通じて成立発展してきた数々の霊山が、山の宗教のひろがりによって室町時代後期には密接に結び合わされ、一体化していたのである。このような山の宗教の世界を、『廻国雑記』を通じていささか体験していただいた。

このような山の宗教の社会へのひろがりと定着の様相について、次章ではついに近代にまで至る展望の中を一気に歩んでゆこう。

第五章　山の宗教の定着と近代化

比良山／伊吹山・観音寺（滋賀）／黒山・山本坊（埼玉）／大宮大明神社（高麗神社）（埼玉）／立山（剣岳）・芦峅寺／御嶽山（長野・岐阜）／槍ヶ岳（長野）／笠ヶ岳（岐阜）／皇海山（栃木・群馬）／妙高山（新潟）

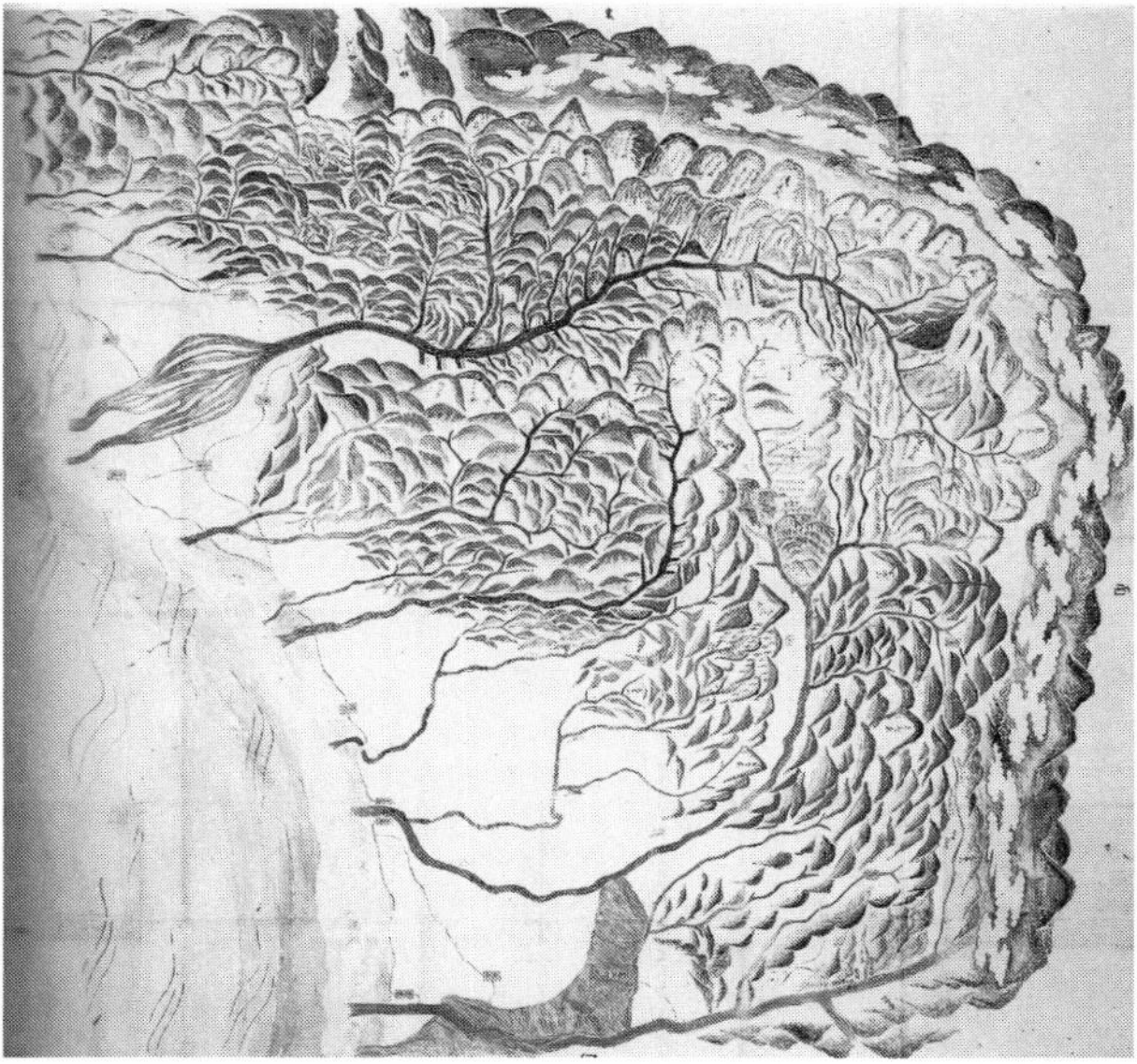

黒部奥山図（「新川郡図」）　江戸時代後期

1　里山の宗教

近江葛川の行者と里山

地図を開き、都の北東に聳える比叡山《ひえいざん》から尾根筋を北にたどると、やがて比良《ひら》山地が目に入る。その琵琶湖をはさんで反対側、西の山裾に建立されたのが葛川明王院である。平安時代の前期に相応が開いたこの寺院については、中世の山林寺院が成立してゆく姿の典型として、すでに紹介した。そこでみたように、平安後期になると葛川では、周辺住民との間に山林の開発利用をめぐってトラブル（相論）が発生していた。

この相論はやがて長期化し、鎌倉時代以降も何度も繰り返されている。そのため『葛川明王院文書』には、訴訟のために作成された多くの文書が残され、いまに伝えられた。これらの史料は、本来は縁起や参詣日記のように、山の宗教そのものを記録・伝達することを第一の目的として作成されたわけではない。だがそれだけに、伝えるつもりなくして図らずも残ってしまった、山の宗教の横顔がかえってよく見えるかもしれない。このような周囲との軋轢や交流を繰り返しながら、山林寺院は中世社会へとじょじょに定着してゆく。まずは葛川の里山を舞台に、明王院と周辺に暮らすひとびととのそうした足跡をたど

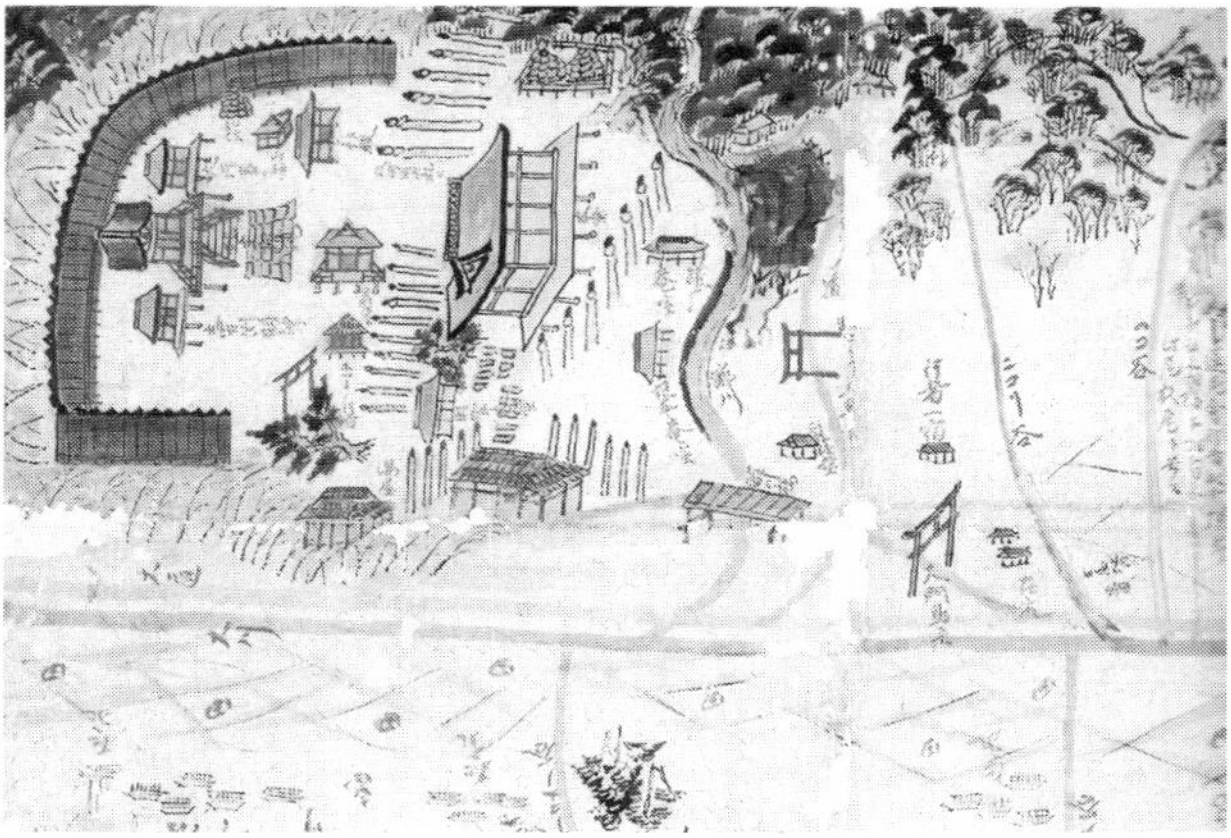

描かれた鎌倉時代の葛川明王院（「葛川与伊香立荘相論絵図」、部分）

ってみよう。

　鎌倉時代の一三世紀後半には、山林修行者の活動する葛川と隣接する伊香立荘《いかだちのしょう》との相論が始まり、一四世紀に入って激化する。この訴訟の中で延暦寺無動寺《むどうじ》領であった伊香立荘の荘官・百姓らは、まず鎌倉時代初期の天台座主慈円の時代、荘内ではすでに「後山《うしろやま》」の林の木を伐り尽くしてしまったと語り始める。この後山が、現在いうところの里山の原型であることはすでに紹介した。里山の森林資源が乱伐によって枯渇してしまうと、炭を恒常的に生産することが難しくなった。ついに領主である無動寺にも炭を納入できなくなった住民らは、慈円に子細を歎き申す。すると慈円からは、葛川の木を伐採して炭の納入を続けるようにと仰せがあったという。それ以来、伊香立荘民は無動寺で使用する炭や材木、仏事に必要な香や壇木《だんぎ》（護摩壇の材料や護摩の炎にくべる小材）など多くの年貢を負担してきた。伊香立荘側は、このようにみずからの正統性を主張した。

葛川は、がんらい行者らの修行の場であり、その聖地性を保つために山林の利用開発は厳しく制限されるべきである、これが葛川常住僧・行者らの主張であったことについては、すでに見たとおりである。そこでかつて本当に、山林修行者らの立場に近い慈円が伊香立荘民にこのような配慮をしたかどうか、疑問がないでもない。ともあれ鎌倉時代後期のひとびとにとって、すでに慈円は葛川の守護者として伝説的な存在となっていたことは間違いない。その権威を訴訟に利用しようと、口を借りたのかもしれない。

それにしてもこの訴訟は、そもそも葛川参籠の行者数十人が山内を駆け巡り、伊香立荘側の炭窯《すみがま》を破損し炭小屋を焼き払うという実力行使に対抗して提起されたものであった。行者らは炭を路上に打ち散らしたうえ、炭焼きをしていたひとびとを打ち殺すとまで恫喝《どうかつ》する暴挙に出たという。かつて「貴種」とまで称された山林修行者たる葛川行者も、ここではよくも荒手の行動に出たものである。

これに対して伊香立荘民らは、そもそも葛川は伊香立荘の一部で、領域内にある「在《ざい》家《け》」も無動寺の堂舎を維持管理するのに最低限必要な戸数に限られていたと主張する。在家とは、この場合は小規模な屋敷林・耕作地などの用益地を含む住民らの家屋である。ところが近年は、浪人を多く受け入れて在家を数十宇にまで増加させたのはぎゃくに葛川の側であって、明王の聖地で狩猟や漁労を行い、放牧によって乱開発を繰り広げ、ついには余剰分の材木から炭を生産販売してさえいたという。

いにしえより、不動明王の聖地葛川では、伊香立荘の住民は寺院や行者の宗教活動に必要な最小限の里山開発しかしてこなかったのに、葛川の住民こそこのおきてを破った張本人である、と伊香立荘側は述べたのであった。以上は、おもに葛川と敵対する伊香立荘側の誇張であるとはいえ、そこから山林修行の場に住んでいるはずの葛川住民が、鎌倉時代を通じて里山開発をたくましく拡大し、隣接地域と経済的な利害関係を生じるほどになっていた実態が見えてくる。

このような両者の衝突は、これから三〇年ほどした一四世紀に入ると再燃した。今度は葛川住民の反論に耳を傾けてみよう。彼らによれば、伊香立の荘民数百人が武装して葛川に押し寄せ、田畑を荒らし霊場を焼き払ったので、住民は身命を捨てて防戦したという。伊香立荘側は、古くからの炭焼きの場を葛川が畠に開いてしまったので事情を尋ねようとしたところ、葛川が武装して喧嘩を仕掛けたのだと訴えた。しかしながら、これ自体すでに葛川への乱入を自分で告白したようなものである、と葛川側は主張した。さらにこのとき、伊香立荘側は山道を封鎖したともいう。葛川住民の日常生活のみならず、外部へと通じる炭や材木の交易を妨害したのであろう。

　里山を舞台とした、数十年に及ぶこのような両者の相論と実力行使の応酬には、いままで見てきたように山の宗教が深く絡んでいた。この地が不動明王の聖地であるという葛川常住僧や行者らの論理はときに山林を守り、またときには住民らの開発を正当化しながらも、矛盾を引き起こしていった。宗教者である行者らもまた、みずからこの抗争に積極的に介入していったのである。こうして葛川の里山に繰り広げられた山の宗教は、一段と社会的な諸関係の中に身を曝さなければならなくなった。

里山葛川の「世俗化」

　こうして近江の片隅のある里山にもまた、中世社会が進展していく。先の相論から半世紀ほど時代が下って南北朝期の一四世紀後半にも、葛川行者はあいかわらず、この地が明王の浄域であり相応の開いた霊地であるという主張を繰り返していた。このときは、彼らの山林修行の出発点として威儀を正す下立山《しもたてやま》というところに、ちかごろ伊香立荘の請負として慶兼《けいけん》なる経営に長けた僧が在家を建て、あまたの人夫を雇用して炭を焼き商品化しているばかりか、さらに周囲の住民に乱暴も働いていたという。そこで行者らは、もし慶兼が下立山の新在家撤去に応じなければ、みずからの宗教活動を停止すると誓い合った。彼らが山林修行をサボタージュしてしまうと、だれがどう困るのだろうか。

行者らは、日本天台宗の開祖最澄や葛川を開いた相応以来、天皇からはじまりすべてのひとびとは、行者の加持力を蒙ってきたとみずから高らかに誇っていた。延暦寺の修験者は、比叡山を構成する三つの地域、すなわち東塔・西塔・横川の三塔を巡礼するとともに、七〇〇日間葛川で山林修行を行う。このような修行は「斗藪《とそう》」とも呼ばれた。これはもと梵語の「ドゥータ」（頭陀）を漢語に訳したもので「抖擻」と書き、「ふりはらうこと」つまり欲望を払いのける修行を意味する。これが東アジア、とくに日本では具体的に山林修行となって実践され、また藪を漕ぎ斜面を攀じ登るイメージから「斗藪」と書かれるようにもなった。斗藪を行うことを修験の肝心として、葛川行者はこの加持の力を獲得したのである。

これを止めることによって困るのは、彼ら自身ではなくその加護を受けられなくなる天皇以下の万民に他ならない。このように、葛川の山林修行者らの活動は、決して彼ら自身の修行として自己完結するような独りよがりのものではなく、国家や社会を護持する強力な力を発揮するものと考えられていた。この論理が訴訟の場で主張されていたことを思えば、単なる行者の空威張りでは意味がない。実効性を持つと認知されていればこそ、行者らもここぞとばかりにプライドをむき出しにしたのである。

ここにいたってもなお、葛川の山林修行者は周囲の山林を聖域として占有し、あくまで住民の開発行為を厳しく制限していたかのようである。しかし実際には、すでに見たように行者らも決して宗教者として悟りすましてばかりいたわけではなく、鎌倉時代から住民の里山利用に介入し、ときには実力行使にさえ及んでいた。葛川もまた、生産活動の発展に支えられた中世の地域社会の一部だったのであり、行者中はその当事者の一端に他ならない。こうして彼らもこれからのち、里山における生産と資源の流通を抑え込むのではなく、むしろ積極的に管理しようとする方向に転換してゆく。

一六世紀前半、隣接する朽木谷《くつきだに》に勢力を張っていた朽木氏のもとに差し出された文書には、以下のように見える（『朽木家文書』）。


当所地下人等、高島郡において板商売の儀につき、御領中通路の事、先規相違無く候処、近年違乱に及ばるる由候。然る間、旧冬上意を窺うの処、厳重の御下知を成さるといえども、なお相留めらるべきの由、内々その風聞候。事実に候においては、然るべからず候。もし同篇の儀候わば、行者中として重ねて上聞に達すべく候。所詮、先々の如く其方往還停滞無く候様仰せ付けられ候わば、衆悦たるべく候。恐々謹言。

この文書の大意は次のとおりである。葛川住民らは、琵琶湖の北に位置する高島まで板の販売に向かうため、朽木領を通過することは先例のとおりである。ところが近年通行妨害が起きたので、昨冬に幕府に訴えて厳重に注意してもらったが、なお妨害が続いているらしい。事実であればあってはならないことであり、行者一同から重ねて幕府に訴えるつもりである。ただし、先例のとおり板商売のための通行が認められれば喜ばしいかぎりである（訴えは取り下げる）。

つまりこの時、葛川住民は板商売のために朽木領を通行しようとして妨害に遭い、行者らに保護を求めて交渉を進めていたのである。がんらいは寺院や行者の宗教活動の維持に限って認められていたはずの山林資源が、ここでは完全に商品化されている。行者らはこれをおおっぴらに認めたばかりか、住民の営業権を朽木氏から保護しようとした。もし状況が変わらなければ、行者らは重ねて幕府に訴えるつもりだが、以前のとおり往還が滞らないように計らっていただければ一同喜ばしいとまで述べている。

このようななりゆきを、聖なる山林の〈世俗化〉と理解するのは、しかし少々純粋に過ぎよう。じつはいままで見てきたように、平安時代後期から葛川の開発はすでに進められていた。山林修行者もまた、はなからその当事者のひとりに過ぎなかった。ただ、南北朝期のころを境として、それまでの聖地性を強調する抑制型のコントロールから、里山における生産活動の活発化を積極的に保護利用する方針に大きく転換したのである。

こうして中世後期以降、山林修行者の社会とのかかわりがいよいよ深くなると、ぎゃくに社会の動向からもさまざまな影響を受けながら、彼らの組織の変質や上部権力との交渉という形で、山の宗教も歴史的な変容を遂げてゆく。つぎにその具体例として、同じく湖北の対岸に位置する別の山林寺院に目を転じてみよう。

近江伊吹山の山伏

まだ新幹線の開業していなかった当時、関ヶ原あたりは東海道全線中とくに列車が山の近くを走る場所のひとつであった。ここを通る際に深田久弥は、すぐ眼の前に大きく聳えている伊吹山《いぶきさん》のボリュームある山容にみとれたという。伊富貴山観音護国寺こと大原観音寺は、その山中に成立した山林寺院であったが、のちに山間を抜けた湖東の一角、現在の滋賀県米原市《まいばらし》に移転した。弥高《やたか》・長尾《ながお》・太平《たいへい》の三寺とともに、法相宗の伊吹山四大寺の一つとして創建の由緒が古代にまで遡る。伊吹山は古代の七高山の一つでもあり、近畿地方における山林修行の中心地のひとつだった。伊吹山への信仰を核として、中世には伊吹社・三宮の両社と四ヵ寺が平等に結合し、山林修行者の組織が形成されていた。

伊吹山

伊吹社で毎年三月一六日に行われる一切経会《いっさいきょうえ》は、四ヵ寺が結集する宗教行事としてもっとも中心的な役割を果たしていた。すでにふれた山林寺院における一切経の重要性が、ここにも垣間見える。この一切経会をはじめとする諸行事の負担は弥高寺がやや重く、主導権を発揮していたのであろう。そのひとつである「安《あん》居供花《ごくげ》」もまた、弥高寺が最初に始めることとなっている。これも、古くから山の宗教に共通した伝統的な修行であった。

しかし、鎌倉時代後期になると四ヵ寺の均衡が崩れて弥高寺が優勢となり、太平寺を末寺に従えようとして相論となった。このときの訴訟はけっきょく、四ヵ寺から各三名の代表者である「和尚」たちが和与状(和解文書)に署名することで一応解決を見た。その署名の順序などを見ると、寺院ごとのまとまりや序列は必ずしもはっきりしない。それは、各寺院内の階級や寺院間の関係よりも、むしろ伊吹山伏として共有している序列、つまり山林修行者としての入峰経験などを重視していたためだろう。だが、その中から弥高寺が優位に立とうとする運動は、南北朝期を通じて続けられてゆく。

山林修行組織の広がり

南北朝期もなかばにあたる応安二（一三六九）年ごろ、観音寺山伏は行信《ぎょうしん》律師と相論に及ぶ。いったんは行信が有利となったが、近江一国の山伏が蜂起したことによって、訴訟ではやがて行信の非が明らかになった。怒りが収まらない山伏らは、行信を「当道之衆中」から追放する。つまり、修験道におけるメンバーシップを剝奪したのである。これに対抗して、行信が観音寺に押し寄せ一寺を滅亡させようとしていることから、さらに「国中」の諸寺に団結が呼びかけられた。

「国中」というが、このときは伊吹山四ヵ寺からはじまって、敏満寺《びんまんじ》や百済寺《ひゃくさいじ》・石塔寺《いしどうじ》といった近江国内の有力寺院に加えて、醍醐寺・松尾寺《まつおでら》（大和か）・大覚寺といった、山の宗教にゆかりのある他国の寺僧までが参加していた。このように、すでに南北朝期には近隣寺院から近江一国の主要な寺院、さらには他国の寺院に所属する山伏までが伊吹山に結集し、「当道之衆中」として強く結合していた。彼ら衆中は協力して、トラブルに対処するようになっていたのである。こうした横方向の連帯が形成されていくのと拮抗しながら、さきに見たような弥高寺自立の動きは、縦方向の序列化を目指す運動として進められてゆく。

このような結集組織の成長を背景として、ときに彼らは伊吹山信仰圏を抜け出し、熊野信仰にも参加してゆく。紀州の地方霊山たる熊野三山信仰が、すでに見てきたように院政期以来日本列島を広く席巻してゆく中で、伊吹山もまたそのネットワークに参加していったのである。

そこで彼らは、伊吹山伏衆中と行信との相論とちょうど同時期に、熊野山伏として「行者講」を組織してゆく。大峰開山である役行者に対する信心のもとに、あらためて結集したのであろう。がんらいは開山を異にする多くの地方霊山が、中世になると熊野信仰に包み込まれ、徐々に役行者信仰を共有してゆく。その結果、自身の修行する山にも行者伝説を引き入れて、大峰や熊野との関係を深めてゆくのである。

伊吹山でも、熊野信仰を共有する山林修行者が熊野山伏の身分を兼ね、行者講を結成したのであろう。彼らは、六ヵ条からなる「置文《おきぶみ》」（規約）を作成する。その中で、メンバーが殺害されたり傷害事件に巻き込まれたり、また田畠の横領に遭った時には講衆が会合し、集団で対応すること、会合の際に悪口や狼藉を働けば衆中を追放することなどが取り決められた。さらに、衆中に早逝する者があれば菩提を弔うこと、講が継続できるよう行事は質素にすることなども述べられている。
この置文からは、行者講が山の宗教を形作る組織のひとつであると同時に、山林修行者らが社会生活を営む上で必要な相互扶助組織でもあったことが分かる。このような組織をベースに、伊吹山伏は熊野信仰を通して三山を統括する聖護院門跡との関係を強め、在地における自身の勢力の安定を図ろうとして政治権力との関係構築にも動くようになっていった。

山の宗教と上部権力

一五世紀のはじめ、観音寺を含む三ヵ寺の山伏は、「検校」に対して以下のように弥高寺を訴える。

昔より今に至り、四ケ寺の山伏等、三宮を以て一宿として、入峰斗藪の条、異論無きの処、弥高寺寺僧等、先規に背き雅意に任せて、吾が寺を以て巡道の新儀を構えるの間、三ケ寺の群議に及ぶと雖《いえど》も、更に以て承引せしめず。結句、守護被官の仁に属し、恣《ほしいまま》に無理の沙汰を致すの間、偏《ひと》えに検校の御下知を憑《たの》み奉り、元の如く入峰修行を遂げんとす。

伊吹山の山伏は、これまで三宮をもって「一宿」として入峰修行を続けてきた。伊吹山では、山林修行の信仰上のポイントとなる最初の出発点は三宮だったのである。ところが弥高寺の寺僧は、あらたにみずから巡道の経路を設定し、弥高寺を出発点としてしまったらしい。三ヵ寺がこれに抗議すると、弥高寺は近江守護佐々木氏を味方につけて強引な訴訟を起こした。そこで三ヵ寺側が対抗して検校に提起したのが、この訴えだったのである。検校とは、熊野三山検校上乗院門跡道意に他ならない。その結果、道意からは次のような御教書《みぎょうしょ》が下される。

当山大乗峰宿相論の事に就き、弥高寺・長尾寺山伏等、検校（道意）の御下知に違背《いはい》せしむる間、彼の両寺山伏等においては、当道の職を解却せらるべきの旨、仰に依り定め置く所、件《くだん》の如し。

応永七年〈庚辰〉十月七日

道意は観音寺等の主張を認め、弥高寺らが熊野三山検校たる山伏の権威、道意の命に背いたことを咎《とが》めて、「当道職」すなわち修験道における諸特権を否定した。観音寺ではこの文書をなお札に書き写して掲示し、聖護院門跡の権威によって弥高寺を牽制したようである。

このように、鎌倉時代後期から室町時代前期にかけて、伊吹山では山伏の対等な結合が崩れようとしていた。彼らの中には弥高寺のように、それまで地域に広がっていた山伏結合を離脱して、あらたに寺院単位で結集する動きもあった。山林寺院内での序列化を図ると同時に、山伏集団の中で寺院として一歩抜きん出ようとしていたのである。しかし最初のうちはこのような動きも、ともかく地域の有力者である伊吹山の社家のような存在のなかだちで和解に至っていた。ところが一五世紀に入ると、彼らは伊吹山という近江の一地域のうちで紛争を解決しようとする努力を放棄し、弥高寺は守護勢力の、観音寺らは聖護院門跡という上部権力の介入を求めていった。こうして彼らは、明らかにあらたな段階に突入したのである。

このころ弥高寺は、さらに「伊吹山弥高寺縁起」を作成して自分が優位に立っていると主張する由緒を創作したり、弥高寺を一宿として入峰する運動も続けながら、観音寺等に対抗して同じく聖護院門跡に工作を試みた。その結果、数年後には熊野三山奉行乗々院《じょうじょういん》から、今度はぎゃくに弥高寺を一宿として入峰することを認める御教書を獲得するにいたる。

さきにも触れたとおり近藤祐介氏は、一五世紀前半のこの時期には、いまだ聖護院門跡の側からはそれほど積極的に在地の修験組織に介入していたわけではなかったと指摘している。したがって在地の状況を熟知しないまま、対立する二つの勢力からの申請にもとづき、内容的に矛盾する令旨《りょうじ》を連続して与えてしまったのではないかと思われる。こういう上部権力の、いわば場当たり的な対応が、在地の対立をますます激化させたことは想像に難くない。このような上部権力の動員によって、地域内の紛争は解決に向かうどころかますます混迷を深めた。それでも山伏間の対等な結合が決定的に動揺してしまった以上、山の宗教は社会的には上部権力への依存を深めてゆかざるを得なかった。

観音寺と如法経供養

ここまで伊吹山を例として、中世における山伏組織の実態と、南北朝期を経て社会的な関係が変化してゆく様子を、とくに上部権力とのかかわりから具体的に見てきた。そこで今度は、彼ら地方霊山を拠点とする山林修行者が、周囲の地域社会に暮らすひとびとどのように関わってきたのかについても考えてみよう。ここで両者を結びつける宗教儀礼として注目したいのが、如法経供養である。

すでに見た『諸山縁起』からは、宿や峰に聖性を宿すために、そこに安置・埋納された如法経が重要な役割を果たしたことが分かった。このように、山の宗教と如法経信仰には深いかかわりがあった。院政期になると、円仁を如法経信仰の創始者、彼にゆかりの深い比叡山横川をその聖地とする観念が定着する。こうして天台宗山門派に独占された如法経信仰は、比叡山膝下の近江や隣接する若狭地方にとくに深く浸透していった。

この信仰を深める上で欠かせないのが、如法経供養である。儀礼は道具や料紙の入念な準備から始まり、清浄な僧侶らによる写経が進められた。完成すると、少年たちが舞楽の装束を着けて天童に扮し、香華《こうげ》や音楽など十種の供物を捧げる優雅な「如法経十種供養」が繰り広げられる。後白河院ら歴代の治天の君は完成した如法経をみずから携えて比叡山に登り、横川如法堂に奉納した。

このように、如法経供養は王権を荘厳する儀礼として、鎌倉時代にはとくに重視された。しかしいま伊吹山に注目してみると、この儀礼を通して地方霊山の役割の重要さもまた見えてくる。熊野や比叡山のような全国的な霊山を核としながら、さらに中小規模のハブとして機能した伊吹山のような地方霊山およびそこに活動した山林修行者は、がんらい王権を象徴するような性格をもつ如法経供養を在地社会に浸透させてゆくうえでも欠かせない存在だったのである。

大原観音寺には一三世紀後半から、如法経供養を執行するための原資として「如法経田」が寄進されるようになる。現存するもっとも古い寄進状を見ると、二ヵ所分の田の面積は合計で二段九〇歩と零細であるものの、僧円智《えんち》が「不断如法経」の料所として寄進している。この僧はおそらく、観音寺か周辺寺院の関係者であろう。こうした在地の人物でも現実に負担できる少額の寄進を集め、このころから「不断」つまり恒例の仏事として如法経書写供養が行われるようになっていた。この儀礼を実際に担っていた宗教者は、当然伊吹山の山林修行者だったであろう。

伊吹山における如法経供養の活動を具体的に知ることができるのは、貞和三（一三四七）年に定められた「観音寺如法経聖堂籠規式」である。この規式は、儀礼執行のために参籠する聖に向けて定められたもので、八ヵ条からなる。如法経聖には、『法華経』二巻の読誦など毎日の勤行が義務づけられた。また、堂内の掃除や供物も絶やさぬようにしなければならなかった。惣門の外に出ず、酒宴にも参加してはならず、そして懺悔滅罪の儀礼を欠かしてはならないと取り決めてある。それは如法経供養が、ひとえに清浄を旨としていたからだ。

このような地方霊山や、村々によって運営されていた小規模な在地の村堂には、中世後期になると外部からしばしば聖が招かれた。その中には、やがて村落社会に定着し、宗教儀礼を行って村の安定に貢献してゆく者もいたのである。このような存在を、坂本亮太氏は「社頭聖」と呼んでいる。大原観音寺の如法経聖もまた、そのような社頭聖のひとりであった。

このような如法経供養に携わる観音寺如法堂の社頭聖は、延暦寺の影響下に活動する伊吹山の山伏あるいはその関係者であっただろう。翌々年、観音寺全体のためさらに八ヵ条の規式が定められた。その冒頭には、まず季節ごとに千手陀羅尼一〇万遍・不動慈救呪《じくじゅ》三〇万遍を不断に誦することが定められ、つぎに堂に籠《こも》る如法（経）聖による儀礼が挙げられている。この二つの行事こそ、修行者が精誠を尽くすべき「当寺厳重の行法」であった。山の宗教において、如法経供養が宗教儀礼の柱となっていたことを、この観音寺の規式はよく物語っている。

2　戦国・織豊期――里山寺院の変容と定着

一六世紀以降の里山寺院

秩父《ちちぶ》山麓に広がる、埼玉県越生《おごせ》町。JR八高《はちこう》線越生駅から県道六一号線を西に進み、まもなく南に折れると県立黒山《くろやま》自然公園に差しかかる。ここからふたたび三滝川《さんたきがわ》に沿って入ると、道は渓流沿いに急に細くなってゆく。周囲の森はうっそうと茂り、昼間でも薄暗い。小さな宿泊施設や茶店を通り抜け、駐車スペースに車を止めてそこから歩き始めると、流れを横切って注連縄《しめなわ》が張られている。ここから先が霊場であることを、無言のうちに示しているのだ。さらに階段を登って黒山三滝《さんたき》を目指すが、休日というのに入り口の売店も閑散としていた。

黒山三滝（埼玉県越生町）

渓流の左手奥にまず現れるのが天狗滝、続いて二段に分かれた男滝《おだき》が目に入り、反対側には女滝《めだき》が落ちる。参詣路はよく整備されているが、森閑とした霊場を遮って流れる渓流に架かった橋の朱色がみょうに目についた。滝壺には滝行のスペースもあって、盛夏ともなれば水しぶきも気持ちよかろうが、寒中にそこまで降りてみる気にはならない。滝の手前には、赤いよだれかけを着けた、おびただしい小さな地蔵の群れ。中に混じって、くるくると髪をカールさせた愛くるしい小便小僧も立っている。そして、韓国風の立派な祭壇。風水の上でも、霊気溢れる場所なのだろうか。最近では、パワースポットとしてもよく知られているだけあって、とにかく種々のものが祀られている。

現在にまで続くこの霊場、越生黒山が最初に開かれたのは、一五世紀のことである。この時期には、内部においても外部との関係においても、山の宗教にはダイナミックな変化が生じた。その特徴のひとつは、山と人の境界である里山領域に繰り広げられた山の宗教の活動が、社会との関係をさらに深めてゆくことであった。里人の側からのあらたな山林の開発も進み、この時期から開かれてゆく霊山も少なからずあった。越生の黒山は、まさにそうした地方霊山のひとつだったのである。

このように、中世後期における成熟した村落社会とともに発展した山林寺院や霊場は、やがて戦国期を経て統一権力が成立するとともに近世村落に定着してゆく。この時期、いまに直接続く里山の景観と構造が形成され、「山のお寺」が成立することになる。ここでは、まず霊場黒山の足跡を追うことによって、その過程を見てゆこう。

中世村落の開発と黒山山本坊

戦国期社会が進展してゆく中で、村人によって自律的・持続的に運営される村落社会が成熟してゆく。すると、これを支えるための萱《かや》などの生活物資、肥料や薪炭《しんたん》、木材生産の場として、山林との境界領域もまた村人らの力で安定的に整備されていった。じつは、このころ里山に開かれた霊場には、このような開発の拠点としての機能もあり、そこに活動した山伏らは、しばしば開発の主導者でもあった。

そのような空間の一つが、武蔵国越生郷黒山である。現在、黒山の頂上付近には、栄円《えいえん》なる僧侶を供養した応永二〇（一四一三）年銘の石塔が残されている。しかし、栄円はその約三〇年後に作成されたある檀那売券にも署名しており、実際にはこのころまで生存していた。石塔がじつは後代に立てられたために、栄円の没年を間違ってしまったのか、あるいは栄円の死後も、先達職を継承保持した人物により、名義を栄円のままにして売買が行われたのか、分からない。いずれにしても、一五世紀前半に活躍し、黒山の開発に画期的な業績を残した人であった。

この檀那売券によると栄円は、高萩《たかはぎ》（埼玉県日高《ひだか》市）駒形宮《こまがたぐう》から檀那を伊豆・箱根二所権現に導く先達職や、それに付随する土用《どよう》（建築に関する禁忌）・年末の祈禱の執行を、豊前阿闍梨という山伏に譲った。その代金は、堂島《どうじま》（現神奈川県箱根町か）や駒形宮の造営に充てるとしている。ここから、一五世紀前半にはこの地に修験者の活動する坊《ぼう》が形成され、山林修行が行われていたことは確実である。この山本坊《やまもとぼう》は「檀那」を組織し、地域社会にも影響力を持っていた。すでに第四章第三節において見たように、藤原定家のような都の貴族から東北の辺境に勢力を張った安藤氏ら有力武士、さらには庶民までをも含む諸山参詣の檀那らは先達に率いられ、熊野をはじめとする諸山に詣でたのであった。

このような檀那は、一族あるいは同地域の中で、特定の先達のもとに参詣講などの組織を個別に形作ってゆく。こうした組織がいったん確立すると、檀那はここから抜け出して別の先達を頼ったり、勝手に諸山へ参詣することは難しくなった。先達を変える場合には、先達間の契約によって檀那（を指導する権限）は売買され、参詣の途次にもすべて先達の指導に従って参拝の儀礼を重ねなければならず、そして諸山に到着しても先達の紹介がなければ御師の管理する宿坊に泊まることも叶わなかった。

先達としての檀那への支配権は山本坊の場合、大永八（一五二八）年段階ではさらに秩父六十六郷にまで拡大する。このとき山本坊は、この広域にわたる先達職を聖護院門跡（乗々院）から安堵された。遅くともこの段階で、山本坊は熊野三山を統括する聖護院門跡の配下、すなわち天台宗系の「本山派」の組織に組み込まれていったのである。

すでに述べたように、はるかに遡って院政期、白河院の熊野御幸の折に園城寺増誉が先達を務めたことが、寺門派の門跡寺院である聖護院を頂点とする、全国的な修験道の組織＝本山派のはじまりであるかのように説かれている。しかし、歴史的実態としてはそれよりもはるかに下る時期にあたる一五世紀以降、戦国時代にかけて聖護院門跡ははじめて全国の修験者の組織化を積極的に推し進め、本山派という山伏組織が確立した。

大峰修行の作法としては、本山派は熊野から吉野に向かって北上する「順峰《じゅんぶ》」を特徴とする。もちろんこの段階で、本山派に属さない諸山のローカルな山伏組織も、いまだ多数存在していた。その一つが、南都の山伏たちである。春日山中での活動を基本とする彼らの山林修行の伝統は古代にまで遡るが、室町時代には葛城山から大峰に至る山林修行を実践していた。彼らは「当山三十六正大先達」という組織のもとにこの地域の山伏をゆるやかに統合していたが、一六世紀後半には本山派の勢力が急激に列島各地に浸透してゆく。山本坊もまた、そのような潮流に巻き込まれながら本山派修験の一員となっていったのである。

いっぽう、それへの抵抗からカウンターパートとして急激に浮上してきたのが、真言宗系の「当山派」であった。がんらい南都と関係を持っていたわけではない関東などの山伏集団も、当山派との由緒を語り出して関係を構築するようになる。けっきょく江戸時代の初頭、南都を中心とする修験組織は東大寺とも関係の深かった醍醐寺三宝院《さんぼういん》門跡義演《ぎえん》に支援を求め、江戸幕府にも認められて聖宝《しょうぼう》を祖とする当山派を形成し、こちらも全国的な組織化を進めることになった。大峰修行は、吉野から入って熊野に南下する「逆峰《ぎゃくぶ》」が当山派の入峰の作法であった。

こうして本山派の一員となり、聖護院門跡の権威をも背負うようになった山本坊の地域社会への影響力は、宗教面に留まらなかった。おそらく一五世紀前半に、栄円がはじめてこの地において山本坊を成立させて以来、黒山周辺の山林や村落の開発についても、山本坊は主導的な役割を果たした。ただし、その実態がはっきりするのは一六世紀後半まで下る。天正一七（一五八九）年には、このころ武蔵秩父郡を領していた北条氏邦《うじくに》が、「年行事」である山本坊に対して郡内の山伏を監督させ、行方不明となっている山伏を召返すよう命じている。

年行事とは、同郡の修験者を統括する立場にある山伏の職であった。これ以後山本坊は、西戸村全域の開発と年貢の納入を請け負うようになる。江戸時代初頭には門前を百姓に耕させ、賦役労働を負わせていた。また寺領として、江戸幕府から西戸村・黒山村に朱印地などを安堵される。こうした山本坊の支配に対して、門前百姓らが離脱を図り対立することもあった。近世には、山本坊は常陸国の茨城《いばらき》・行方《なめかた》・鹿島《かしま》・久慈《くじ》四郡の年行事職も許され、秩父六十六郷から越後国内、武蔵国入西《にっさい》郡・比企《ひき》郡にまで支配地域（霞場《かすみば》）が広がっていた。一五世紀以来、黒山や西戸村を拠点として築かれてきた修験山本坊の勢力は、他郡・他国にまで及ぶほどに発展していたのである。

武蔵越生黒山の場合は、一五世紀以来の修験者たる山本坊の活動があった。これを引き継ぎ、近世に入ると幕藩制社会の枠組みの中で大幅に再編されながらも、山本坊のようになお村落を開発支配してゆく山林寺院もある。これらの寺院は、近世村落の一部を形成する「山のお寺」として定着していった。また、中世以来の由緒を受け継ぐ神社が近世の村にも引き続き祀られ、あるいはあらたな鎮守が迎えられてゆく。それらは里山において「村の鎮守の神様」として定着し、近代に続く村落の原風景の一部を形成してゆくことになった。小さな祠までを含むこのような神社の祭祀にも、山伏らがしばしば重要な役割を果たすようになる。

〈里〉と〈山〉をつなぐ近世修験

すでに前節で、近江伊吹山の如法経堂とそれを管理する社頭聖について見たように、中世後期の地域に密着した山林寺院や村々では村堂や鎮守の社頭に宗教者を抱え、村人の生活を維持してゆくうえで不可欠な年末年始や種々の祓いなどの宗教行事を担わせた。ときには、修験者が主導して山林を開発し、耕地を開いて村落の形成を主導するようになってゆくことは、越生黒山について見たとおりである。近世の村々には、こうした「里修《さとしゅ》験《げん》」(里山伏)と言われる修験者の活動が広く見られた。これは、中世までの修験が山を基盤に活動していたことに対して、なかば学問的に作られた概念であろう。

しかし本書では、〈里〉と〈山〉との二元論を越えて、両者の融和と緊張の両面から、ここまで山の宗教の歴史をたどってきた。両方の空間を往返するマージナルな姿にこそ、中近世を通じた山林修行者の本質を見るべきではないだろうか。とはいえ、江戸時代の修験者らが、ときには中世にもまして積極的に里を廻って講を組織し、ひとびとを山の宗教へと導こうとしたこともまた、たしかである。彼らは定期的に村々を巡回し、護符を配ってひとびとの霊山への信心をつなぎ留めていった。越生黒山の場合には、主として修験者による開発と村落支配の側面からこの実態を眺めたが、つぎにふたたび広域的な政治軍事活動にも関与しながら、やがて近世の地域社会に定着していった、中世より続く武蔵高麗郡《こまぐん》の大宮大明神社《おおみやだいみょうじんじゃ》の事例を紹介してみたい。

大宮大明神社は、現在では高麗神社（埼玉県日高市）として知られ、出世開運の神として名高い。近くには秋に曼珠沙華の花が乱れ咲く巾着田《きんちゃくだ》もあり、あわせて多くの参詣者を集めている。主神として祀られているのは、高麗王《こまのこきし》若光《じゃっこう》である。古代には、朝鮮半島から日本列島に多くのひとびとが渡来した。彼らは、大陸や半島の進んだ技術・文化を列島に定着させるのに大きく貢献しながら、日本列島に分散土着してゆく。八世紀の前半、朝廷は関東に散在していた高麗（高句麗《こうくり》）人一七九九人を移し集め、武蔵国に高麗郡を置いて安住させた。このとき首長となったのが若光であり、やがて同郡の総鎮守と崇められるようになった。以後、高麗神社の神職は若光の子孫が歴代務めて現在に及んでいる。中世には大宮は修験の坊となり、近世を通じて山伏として活動していった。

この神社に伝わる多くの文献や古文書のうちでも、「高麗氏系図」はとくに興味深い。通常、このような系図の古代にまで遡るような部分は伝承にもとづくことが多く、歴史的事実かどうか慎重な検討が必要である。「高麗氏系図」にも、もちろん同様に一定の注意が求められよう。しかし、この系図は単に系譜を記すだけでなく、没年をはじめとする歴代の事績の記述も詳細である。最初に成立してから何回も書き継がれていることから、その時々に残された具体的な記録等にもとづくものも少なくないのであろう。以下、歴代の中でもとくに何人かの当主に注目し、中世以来の修験の坊が、近世社会にどのように定着していったかを考えてみよう。

武士化する中世の高麗大宮別当

「高麗氏系図」の冒頭は現在欠落しているが、おそらく若光から始まっていたであろう。最初に確認できるのは高麗家重《いえしげ》で、天平二〇（七四八）年正月一七日に没したという。下って、長徳二（九九六）年に没した大宮司一豊のときに高麗明神は「大宮」と号し、これより「大宮司」を称したという。やがて寺院の性格も強まったとみえて、鎌倉時代の正治元（一一九九）年に八二歳で没した麗純《れいじゅん》には、高麗「寺」という注記が付されている。すでにこのころの高麗寺では、他の多くの地方寺社と同様に神仏習合がかなりの程度進んでいたはずである。麗純も含むこのころの高麗氏の当主は、みずからの祖先神たる大宮を祀る宮司であるとともに、この大宮の神の威力を仏事によって増すべき「神宮寺」の性格を持った、高麗寺の別当（住職）でもあっただろう。この麗純は、はじめ次郎純秀と名乗っていたが役行者を信心し、康治二（一一四三）年に大峰修行を行ってはじめて山伏となり、麗純に名を改めたという。

その弟禅阿《ぜんあ》は、上野国足利鶏足寺《あしかがけいそくじ》に奉仕していた。このときに、諸国の名山を修行して同寺に留っていた顕学房慶弁《けんがくぼうけいべん》（麗純子とも）は、大般若経・法華経等を書写する。この写経が、現在国重要文化財に指定されている高麗神社蔵の『大般若経』である。このころ修験色を帯びつつあった武蔵高麗郡の一寺院たる大宮は、このように北関東近隣の他の宗教拠点と徐々に関係を深めていった。

鎌倉時代後期になると、元徳三（一三三一）年に没した多門坊行仙《たもんぼうぎょうせん》が高麗大宮の当主を務めていた。行仙は正安三（一三〇一）年秋に大峰修行を行い、多門坊の号を賜《たまわ》る。地方修験の世界を抜け出し、全国的な霊山である大峰の修験者としてのメンバーシップを得たのである。加えて嘉元二（一三〇四）年には出羽羽黒山でも修行し、翌年には富士山修行を行うなど、彼は高麗大宮を全国的な霊山のネットワークへと結びつけていった。

このころになると、大宮別当は単なる地方の一修験としての立場から、宗教的のみならず政治的にも地元地域を越えてより広域的に、ときには在地領主とも関係を結ぶようになる。たとえば、行仙の母方の発智《ほっち》氏は現在の群馬県沼田《ぬまた》市付近に拠点を置いた武士沼田氏の一族であった。こうした地域間の婚姻関係は、この時期の小領主の間では一般的であった。そのような関係性の中に高麗大宮別当も参画していったことは、高麗氏がなかば武士化していたひとつの徴証となろう。こうして大宮別当は全国的な山の宗教のネットワークに参加するとともに、国を越えた関東一円の武士など有力者との関係構築にも積極的に乗り出していった。

さらに、その行仙の弟三郎行持《ゆきもち》・四郎行勝《ゆきかつ》は鎌倉幕府に仕えていたという。おりから幕府によって隠岐に流されていた後醍醐《ごだいご》天皇が、脱出に成功する。この動きに呼応した足利尊氏《たかうじ》らによって京都六波羅《ろくはら》が陥落すると、鎌倉には新田義貞《にったよしさだ》の軍勢がなだれ込み、正慶二（一三三三）年五月二二日、鎌倉幕府は滅亡する。北条高時《たかとき》らは東勝寺《とうしょうじ》に立て籠り、ついに自害した。このとき行持・行勝らは北条氏と行動をともにしたようで、新田勢に向かい討死したという。ここから京都には建武新政権が発足するが、まもなく後醍醐天皇の施策は諸矛盾を抱え、武家とも対立して瓦解、建武三（一三三六）年に南北朝時代に突入する。

山伏たちの南北朝内乱

ほぼこの時代を生き抜き、嘉慶二（一三八八）年に七〇歳で没した多門坊行高《ぎょうこう》は、一九歳のとき、南朝方として奥州に拠点を築いていた北畠顕家《きたばたけあきいえ》が大軍を率いて鎌倉を攻めたおりに、同じ南朝方の護良《もりよし》親王に味方して新田義興《よしおき》の騎下に馳せ参じた。「高麗氏系図」には、行高が疵《きず》を受けて家に帰ったことが記されている。このような戦による負傷の記録は、いっぱんに武士にとっては恩賞を受けるに値する重要な武功の証となり、「手負注文《ておいちゅうもん》」という文書によって大将に報告されるべき、貴重な情報であった。この時期、修験者として山の宗教の担い手であったはずの大宮別当は、完全に武士化していたのである。

やがて観応元（一三五〇）年冬から、足利尊氏が弟直義《ただよし》と対立する（観応《かんのう》の擾乱《じょうらん》）。このとき行高は直義の招きに応じ、百八十余人を率いて薩埵《さった》山《やま》の陣に馳せ参じたという。ここは東海道薩埵峠（静岡県）であり、地方の寺社を拠点とする山伏に過ぎなかった行高は、もはや関東を越えた広域的な軍事行動にまで参加していたのである。

ところが直義方は敗れ、行高は高麗大宮に逃げ帰る。それでもなお、翌年春になると新田義興の招きに応じてふたたび従軍し、所々に転戦した。義興・脇屋義治《わきやよしはる》らが敗れて、相模・甲斐・駿河の国境が交錯する要害として知られた河村《かわむら》城を逃れた時、行高は縁を頼って上州藤岡《ふじおか》に落ち延びる。延文二（一三五七）年、ついに鎌倉北朝方の軍門に降った行高は、大宮への帰家を免許された。のちに、彼は死に臨みこう遺言し、一族をかたく誡《いまし》めたという。「我家は修験である。以後、子孫代々何事があろうとも、必ず武士の行軍に従ってはならない」。

建武政権の崩壊後、後醍醐天皇は大和の吉野山に逃れて南朝の拠点を築いた。この地域が大峰の入り口として、山林修行の拠点だったこともあり、『太平記《たいへいき》』には山伏らが南朝方として活躍したことが多く語られている。鎌倉時代後期、すでに熊野山伏としてのメンバーシップを獲得していた高麗大宮別当は、おそらくこのネットワークに巻き込まれていったものであろう。

近世的な修験の坊へ

下って戦国時代、天文二〇（一五五一）年に生まれた良道《りょうどう》は、このころ関東一円を支配していた小田原北条氏が、天正一八（一五九〇）年に豊臣秀吉の小田原城攻撃によって滅亡すると、続いて関東に入部してきた徳川家康のもとに早々に祝賀に参上した。するとまもなく朱印状によって、高麗郷内に三石の領知が認められる（『高麗家文書』）。これ以降、高麗大宮は近世的な寺社支配の秩序に組み込まれてゆくことになる。文禄二（一五九三）年に、秀吉の朝鮮出兵「御勝利」の祝儀に大坂に参上した良海《りょうかい》は、聖護院門跡にも参上し

高麗大宮社牛玉宝印朱印と版木（高麗神社所蔵）

て金襴地《きんらんじ》袈裟《けさ》着用という本山派山伏の特権を免許されている。続いて良道の嫡男良賢《りょうけん》もまた、寛永七（一六三〇）年大峰修行に向かった。しかしこれは、もはや中世のような自由度の高い山林修行と違い、門跡の入峰に供奉するような儀礼的・権威的な性格の強いものであった。その功労によって、良賢は父と同様に金襴地袈裟を免許される。また、中世から別当らが多く名乗ってきた「多門坊」なる坊号も「多門院」に改めた。山伏に特権的に与えられる院号として、改めて聖護院門跡より免許されたのである。

このように、高麗大宮の修験寺院としての存続は、代々幕府から与えられた朱印状によって安堵されるとともに、宗教面では聖護院門跡御教書などによって別当の格式も保証され、本山派修験としての身分が安定した。以後大宮寺は、江戸時代を通じて大般若経転読《てんどく》会《え》のため、地域に勧化《かんげ》（募金活動）を行うとともに、祈禱札・牛玉《ごおう》宝印を配布することなどによって「里修験」の宗教活動を展開するのであった。このときに使用された牛玉宝印の版木およびそれに押された朱印が、現在も高麗神社に保管されている。近年近隣のふすまの下張りから、実際に配布された牛玉宝印紙が発見されて、料紙にどのような配置で朱印を押していたのかなども具体的に判明したという（横田稔氏のご教示による）。この一紙の牛玉宝印からも、あらためて里に密着しながら宗教活動を繰り広げてきた、江戸時代以降の高麗大宮修験の姿が浮かび上がってくる。

3　近世の参詣と霊山信仰

近世奥山の世界

中世のおわりから近世にかけて山の宗教が里山を基盤として社会に定着してゆくと、いままで見てきたように、いわゆる里修験の活動が顕著になる。さらに近世になると、「里山」に対して中世には管理・開発が十分に達しなかった「奥山」にも、積極的に人の手が入ってゆく。とくに大規模な山岳地帯を抱える諸藩では、森林や鉱山の開発だけではなく、国境や他の藩との境界における軍事的な警備の観点からも、藩政の一環として奥山支配が重要な位置を占めるようになった。このような奥山の世界を一瞥しておくこともまた、江戸時代における山の宗教の姿を知る上で大きな意味がある。そこでここでは、しばし宗教の世界を離れて、まずよく知られた加賀藩における「奥山廻り御用」を概観してみよう。

加賀藩において「奥山」とは、立山・黒部の総称であった。金沢（石川県）の位置する日本海側から見て後立山《うしろたてやま》以南を上奥山、以北を下奥山という（本章扉参照）。このように、奥山支配は古くからの霊山立山と密接なかかわりがあった。また上奥山は、越中（富山県）と信濃（長野県）・飛騨（岐阜県）の国境地帯でもある。富山城下から常願寺川を遡ってゆくと、立山の裾野にあたる信仰登山の玄関口、芦峅寺《あしくらじ》にたどり着く。ここから立山・針ノ木岳・鷲羽《わしば》岳・薬師岳を結ぶ地域が上奥山であった。いっぽう下奥山は、越中と信濃・越後（新潟県）の国境地帯で、犬が岳・白馬岳・鹿島槍ヶ岳を結ぶ地域である。豊臣秀吉方と関係の悪化した佐々《さっさ》成政《なりまさ》が、天正一二（一五八四）年に真冬の立山連峰を強引に越えて浜松の徳川家康に対面したことは、もっとも有名なこの地域の歴史の一幕である。このように、加賀藩にとっての奥山とは、信仰の山である立山をぐるりと取り巻く軍事的に重要な地域であった。

慶長三（一五九八）年、加賀に入国してまもない藩祖前田《まえだ》利家《としいえ》は、松儀《まつぎ》伝右衛門《でんえもん》に黒部奥山について詳しく聞き取りを行った。その後、第三代藩主利常《としつね》も国境において浪人・山賊のような者が忍んでいないか同じく彼に聴取し、山越えなどの違法行為をしようとする他国からの侵入者を取り締まらせた。この役に当たるのが、「山廻り役」に付随して命じられた「奥山廻り御用」であり、とくに奥山警備を任務としていた。代官として給付された石高は、あわせて一五〇〇石に上る。大藩とはいえこの石高は多い。奥山廻りという役がいかに負担が大きく、また重視されていたかがうかがわれる。

奥山廻りの実態

つぎに奥山廻り御用の活動を具体的に知るために、江戸時代中ごろの様子を見てみよう。天明七(一七八七)年の報告によれば、一行は飛驒・信濃・越後の国境について、以前のとおりに問題がないかを検分していた。他国から加賀藩領内への違法な侵入がないかも、同時に確かめている。随行者には、この国境付近の様子について、機密事項として漏洩しない旨の特別の誓約書を提出させていた。そこで同行した林業従事者も厳選して、奥山国境や抜け道、森林の様子など、すべて山内のことは親子・兄弟にも他言しないように申し渡したのであった。国境付近をめぐる際には、古来、帯刀が許されていたという(「天明七年新川郡奥山廻勤方書上」)。もとよりこれは、登山に際しての実用のためではなく、この役の権威と重要性を象徴するために、武士ではない身分の同行者にも許された一種の特権である。

このような奥山廻りは、江戸時代を通じて続けられていった。一九世紀初頭の、享和三

（一八〇三）年の一行は、六月二〇日に出発した。これは新暦でいえば、同年八月七日にあたる。急峻なピークを目指すには、雪解け前に雪上を登るほうがいいともいう。しかし、広く国境を検分するにはやはり雪のない季節が展望も利き、森林の生育状況や伐採の様子もよく分かって都合がよいのだろう。さすがに奥山も、この季節には雪渓を除いて雪もなく、天気も安定して仕事がしやすかったのかもしれない。ただし、暦の上ではこの日は立秋。ゆっくりしているとまもなく台風の季節となり、すぐに秋が深まってふたたび雪が舞い降りてくる。道案内のきこりたちを召し連れ、一行は後立山から上奥山へと向かった。ここで、奥山の案内に山伏ではなくきこりを立てていることは見逃せない。この時代の山伏は、奥山まで一行を導く技術は持ち合わせていない。彼らは、もはや参詣路にそって信者を立山山頂へと導くばかりであった。加えて国境付近の実態は厳重な機密事項であったことを、ここで読者には思い出していただきたい。このあたりが、近世奥山支配と山の宗教の接点を探る上で重要となるが、これはのちに、ふたたび考えることにしよう。

この年の奥山廻り一行は、さらにヌクイ谷から黒部川を越え、針ノ木岳から後立山南谷へ登って信州国境を検分する。そこから中岳の谷を国境に沿って進むと、盗伐の道筋を見つけた。これをたどってゆくと、黒部川筋の池ヶ谷というところで、長八間・梁三間の小屋など、都合三軒の小屋を発見する。

伐採者は今夏から入り込み、六月中旬には仕事を終えて立ち去ったと見える。挽板《ひきいた》・杮板などは残らず信州の方へ送った様子であり、製品や諸道具等はまったくない。切株を確認したところ、ネズコ（ヒノキ科の常緑樹）四〇本ばかり、雑木二〇本ばかりが伐採されていたが、そのほか不審な点はなかった。作業小屋はそのままになっていたので、先例のとおり板屑などを取り集めて残らず焼き払った。

そこからさらに所々の国境を検分したが、とくに変わったところはなかった。鷲羽岳へ登り、信州・飛州国境を廻って詳しく検分したが、これも異変はなく、イワナ釣の者にも出会わなかったという。最後に一行は有峰《ありみね》村へ出て、「飛驒から猪谷《いのたに》関所を通過、七月一二日に帰着した（「享和三年上奥山相廻リ申覚帳」）。以上、この年の奥山廻りは、都合三週間を要している。

この年の事例からも分かるように、奥山廻りの主要な任務は、間道など他国・他藩との交通上の要衝を検分することである。まずは軍事的な異変がないことを確認するのだが、違法伐採の取り締まりもまた重要な任務であった。近世になって、ひとの生活圏が奥山にまで広がっていったとはいえ、通行や生産活動は決して自由であったわけではなく、藩政のもとに監視されていた。山林修行者もまた、一定の行場内で活動している分には制限が加えられることはなかったであろうが、その範囲を逸脱して自由に山野を駆け巡るようなことをすれば、場合によっては奥山における違法行為を手引きしたと疑われかねない。

山の宗教は、里山を通じて人間社会に定着していくという意味では、中近世を通じて長期持続的に捉えてゆくことができる。しかし、中世後期までの山林修行が、ときには参詣路も一定しないような自由な側面を持っていたのに対し、ひとの生活圏の拡大という状況もあって、江戸時代の山の宗教は幕藩権力に席巻され、一定の範囲内に囲い込まれていったのである。奥山廻り御用は、このような江戸時代の山伏ら山林修行者の活動と表裏一体の関係の中で展開していった。

このやや眼に見えにくい関係を、新田次郎《にったじろう》の小説『劒岳《つるぎだけ》――点の記』はうまく描いて見せた。

明治になってから、立山の山裾において長年信仰登山を導いてきた芦峅寺のひとびとは、陸軍陸地測量部測量官柴崎芳太郎《しばざきよしたろう》一行の剣岳登山に必ずしもいい顔をしない。それは、「登ってはならない山」とされてきた剣岳の禁忌を侵すことへの信仰上の抵抗感でもあった。しかし藩政時代から、じつは山伏らはすでに登山路を知っていたのだが、道案内に対する莫大な報酬を独占するため一般には秘密にしてきた。その既得権が測量の結果、地図を通して公開されることで消滅してしまうのを嫌っているのではないか……。

これはあくまで、小説家である新田の憶測に過ぎない。だが、江戸時代を通じて行われた奥山の取り締まりと、立山への信心を導いてきた芦峅寺の「御師」や「中語《ちゅうご》」（ガイド）の活動を関連づけて考えることは、おそらく正しい。芦峅寺のひとびとは、宗教者として決まったルートを通り、決まった場所まで参詣者を案内すると同時に、その道を外れないように監視もすることを、政治的には暗に義務づけられていた。

横に広がる山の宗教

このように、江戸時代の山の宗教は、里山はもちろん奥山であっても、もはや幕藩体制という政治制度との関係をぬきにしては、全く考えられない新しい段階に突入していた。ここでふたたび奥山を下り、里山からひとの生活領域に視点を戻しながら、その関係をさらに検討してみよう。

近世の宗教界の中で、仏教寺院は寺請《てらうけ》制度と本末《ほんまつ》制度の中に位置づけられていた。寺請制度のもとでは、すべての民衆が地域内のどこかの仏教寺院の檀家として登録を義務づけられる。また小さな寺院にいたるまですべてが特定の宗派に系列化され、末寺として本寺・本山に従属する体制がとられた。これが本末制度である。そこで末端の寺院に属するそれぞれの家もまた、宗派をはっきり自覚することになる。

それまでは、個々のひとびとが唯一の宗派に属するという意識はそれほどはっきりしておらず、また何宗に属するのか不明な寺院も珍しくなかった。いったん宗派を標榜しても、住持が替わればすぐに転宗してしまうことも多い。「うちの宗旨は〜宗」という、現在ではむしろ常識的なこのような寺とひとびとの関係も、ほとんど通用しなかった。だが江戸時代には、このような状況は政策的に一変し、幕府は本山を通じて末寺や檀家の民衆までを統一的に支配する機構を手に入れたのである。

ところが、いっけん徹底した宗教支配を確立したかに見えるこの制度も、じつは運用面ではいろいろと例外があり、実態はなお複雑であった。そのもっともあいまいな領域を受け持っていたのもまた、山の宗教だったのである。修験道は他の諸宗とは扱いが異なる面もあるものの、しばしば修験「宗」とも呼ばれて、仏教の一部に位置づけられていく。しかし、すでに見た高麗大宮の事例からも分かるように、実態としては修験寺院の多くには神社の性格も濃厚であった。さらに、墓地の管理や先祖供養を柱として檀家とのきずなを維持していた一般の寺院と違って、修験の寺院や坊を経営する山伏は、講を組織して護符を配布したり、日常生活に密着した祈禱活動、たとえば地鎮祭や葬式の後の清め祓い、台所のかまどに荒神を祀って祈禱する竈祓《かまばら》いなどを独占的に行っていた。

とくに本山派山伏は、特定の地域に対してこうした宗教活動を行う権利を保持していた。縄張のように囲い込まれたこの地域を、「霞場」という。「霞を喰って生きる」というのは、いまでは浮世離れした人を皮肉る言葉だが、もともと仙人が山の霊気を取り込んで不老長寿を得ることを指していた。霞場も、この表現にちなんで生まれた言葉だろう。しかし、霞場はべつに「檀那場」とも呼ばれることを考えれば、その性格は必ずしも浮世離れしてはいない。一般の寺院経営を支えるのが檀那の家たる檀家であったように、修験者は霞場を経済的な支えとしていたのである。

　近世の山の宗教を中心的に担ったこのような修験道の活動は、江戸幕府を頂点とする幕藩制度のもとで、他の一般の寺院と同じ縦系列の支配を受け入れていったかのようにも見える。しかし、それだけに収まらない地域社会への働きかけも彼らの活動の特徴である。森和也氏は、各種の講・開帳・廻国など山の宗教にも深く関係する諸活動を、「近世仏教の《横》の広がり」と表現した。

　まず、近世には各地の霊山にグループで参拝するさまざまな「講」が組織されてゆく。その代表的なものに、御嶽講《おんたけこう》があった。長野県と岐阜県にまたがる御嶽山《おんたけさん》は、天明五（一七八五）年に覚明《かくめい》が黒沢口《くろさわぐち》（岐阜側）を開き、寛政四（一七九二）年には普寛《ふかん》が王滝口《おうたきぐち》（長野側）を開山した。

　夏川草介の小説『神様のカルテ2』のプロローグにも、長野美ヶ原《うつくしがはら》高原の頂上に位置する王ケ頭《おうがとう》ホテル付近から真冬の北アルプスを望んだ主人公夫妻が、乗鞍岳・穂高岳・槍ヶ岳と続く中、御嶽山に目を留める瞬間が印象的に描かれている。二人の足元には、古くから同じ場所でひとびとがこの山を拝してきた証としての祠がいくつか、雪に埋もれていた。「夏でも寒い、袷《あわせ》やりたや足袋添えて」（木曾節）と歌われるように、雪を頂いて静かに立つ霊山のイメージが強い。

こうして、長らく死火山のように考えられてきた御嶽山であったが、一九七九年に突然噴火する。そして二〇一四年にふたたび、多くの犠牲者を出す噴火を起こした。現在も江戸時代から引き継がれた御嶽教を中心に信仰登山も多いうえに、三〇〇〇メートル級の山のわりにはアプローチが容易であり、さらに季節・天候・時刻と多くの条件が重なったことによる惨事であった。近年山頂付近への登山規制が徐々に解除され、施設も再整備されて復興の途を歩んでいる様子である。

富士山についても、一八世紀前半の食行身禄《じきぎょうみろく》の活動がよく知られている。各地に富士講が結成され、富士塚が築かれていった。

念仏行者播隆の槍ヶ岳登山

森氏の提言を受けて、ここではもはや修験道にこだわることなく、山を根城として特徴的な宗教活動を繰り広げた念仏行者、播隆《ばんりゅう》に注目することにより、山の宗教の横の広がりを実感してみよう。江戸時代後期における播隆の活動は、前近代の山の宗教のもっとも成熟した姿を見せるとともに、近代登山への胎動をも感じさせる。播隆は文政一一（一八二八）年に、昔より未踏の山であった信州鎗嶽（槍ヶ岳）に初登頂する。立山では表むき、いまだ剣岳が登ってはならない山とされていた江戸時代後期、すでにこのように山林修行者によるアタックを受け入れ始めた霊山もあったのだ。彼は次のように述べている。

そもそも信濃国鎗ケ嶽は名だたる高山であり、麓は飛驒・信濃両国にまたがり、峨々《がが》として雲に聳えている。一〇里ばかりも登ると、その頂上に、名にし負う鎗岩がある。その高さはおよそ一〇〇間である。この頂上は、昔より踏み登った人がいない。

（『信州鎗嶽略縁起』）

雲に向かって一〇里も登るというが、実際の標高三一八〇メートルに比べてやや誇大な表現だ。しかしふもとから目測すれば、なるほどそのような距離を感じさせたのかもしれない。

播隆はこの霊山を仰ぎ見て、登頂を発願《ほつがん》した。はじめて山頂に達すると、銅像の阿弥陀如来および観世音菩薩、そして木像の文殊菩薩の三尊を頂上に安置した。ところがこの場所付近は直立の鎗岩なので、一般の人が登ることのできる便宜は絶えてない。せっかく安置した尊像にひとびとが参拝することもできないまま、労多くして功なしというありさまであった。このときの播隆に、山頂をはじめて「征服」したなどという発想はおよそない。彼はあくまで念仏行者として、続いて多くのひとびとが頂上まで到達し、尊像を拝することをまず願ったのであった。

そこで播隆は六年後、ひとびとを引き連れて登山道を整備する。信心の篤い彼らを語らい、頂上をならして石を敷き、縦三間（約五・五メートル）・横九尺（約二・八メートル）の平地を造成した。また木を彫って、四方が一尺二寸（約四〇センチメートル）の祠を造り、銅像の釈迦仏を安置したという。はじめ、この尊像を荷って一〇〇間の鎗岩を登った時には、尊像の顔より汗が流れた。これを目の当たりにした者たちは、みな奇異の思いをなす。かかる霊験を尊像が現されたことは、いよいよ末世のいまに仏の利益

立山山頂から奥山を望む。中央に槍ヶ岳が見える

をもたらす前触れであろうと、みなともに歓喜の涙を流したのであった。

背中に負われて太陽に曝《さら》され、温められたブロンズ製の尊像は、急激に高度を増したことにより周囲の気温が下がり、温度差から表面に結露を生じたのであろう。そのことは、播隆以下同行者にも経験的には分かっていたはずである。それにもかかわらず江戸時代のひとびとは、なおこの現象を宗教的な〈霊験〉と捉えていた。

つづいて、信州松本の佐助《さすけ》・又重郎《またじゅうろう》二人が登山した時には、蝶《ちょう》ヶ嶽に登って鎗ヶ嶽を遠望したという。このとき空から五色の光が糸の如くに降って鎗岩の根まで照らし、半時ばかりにして消えた。この様子を拝したことで、彼らはますます喜んだ。さらに播隆は、つぎのように書き留めた。

また八月六日の払暁に（槍ヶ岳）頂上に登り、日光を拝し、また北方の空中を瞻《あお》ぎ見ると、円周が四、五間ばかりの円光が現れた。しかし、本尊は見え給わなかったのである。これは、罪障の雲が覆ったためであろうか。

ここから分かるように、播隆らが求めたのは決して登頂そのものの喜びや達成感だったのではない。彼は、山でしばしば観察されるようなさまざまな自然現象を、そのつど神仏

播隆肖像

が感応して霊験を現したのであると解釈してゆく。そのひとつひとつから、自分の山林修行の成果によって衆生が利益を蒙るという確信を得ようとしていたのである。これこそ、念仏行者としての彼の願いであった。

ここに見える「円光」とは、靄《もや》に覆われた早朝の山頂でよくみられる、いわゆるブロッケン現象に他ならない。御来光を拝したのち、仏の背後に射す円光は見えたものの、その中心に立つはずの本尊は見えなかったとここで播隆は語っている。その理由を、自身の罪障が雲となって本尊の姿を覆ってしまったと理解したのである。

ブロッケン現象の仕組みが科学的に説明されていない当時であっても、自身の影が霧に映ったものと分からないわけでもなかっただろう。しかし、先ほどの銅像表面の結露と同様、あくまでそこに宗教的な意味を読み込もうとするのが、この時期までの登山の本質であった。このように播隆はアルピニストではなく、あくまで「一向専修念仏行者」として槍ヶ岳登頂を試みたのであった。

ただし、やはりそこに頂上を目指す志向がまったく働かなかったとも言い切れない。信仰登山そのものは、近現代にまで継承されていくことを考えれば、播隆のような信心にもとづく登頂を、近代登山から強引に切り離して考えることもまた不自然だろう。播隆が槍ヶ岳登山の顚末を『信州鎗嶽略縁起』に著す五年前には、幕末の社会不安を予兆するお伊勢参りが大流行し、二年後には大坂で大塩平八郎《おおしおへいはちろう》の乱が起こる。明治維新は、もうすぐそこまで来ていた。

近代黎明期の登山と山の宗教

播隆はまた、飛騨笠《かさ》ヶ岳にも登っていた。この山は、江戸時代の前期から、じゃっかんの登頂記録が残されている。したがって文政六（一八二三）年、播隆が目指したのは再興登山であった。この山を約七〇年後の明治二七（一八九四）年に登ったのが、イギリス人ウォルター・ウェストンである。ウェストンは宣教師であったが、ヨーロッパアルプス登頂の経験もあった。日本には三度長期滞在しているが、そのときの経験を『日本アルプス――登山と探検』などとして著し、山々や当時の風習を世界に紹介した。この本は最初、明治二九（一八九六）年に英語で出版された。これを読んだ小島烏水《こじまうすい》と岡野金次郎《おかのきんじろう》がウェストンを訪ね、その勧めで日本山岳会を設立する。ここから、日本における登山の機運が一気に盛り上がったのである。水野勉氏が指摘するように、ウェストンこそは日本山岳会の創立のきっかけを作った人物であり、そこから明治時代末期において日本の登山がさかんになった。水野氏はウェストンを、「日本近代登山の父」と評価している。

さらに氏は『日本アルプス――登山と探検』に、近代黎明期の山をめぐるひとびとの暮らしと様子がよく描かれていることにも注目している。その第一二章に収められた笠ヶ岳登山記もまた、近代とともに激変してゆく山の宗教の一面を考えるよい材料となるので、以下にしばらく見てゆこう。ただしそれは、あくまで外国人宣教師ウェストンの眼を通して眺められた明治日本の登山風景であることには、ここであらかじめ注意しておきたい。

宣教師ウェストン笠ヶ岳に登る

明治二七年七月三〇日、ウェストンは「汝最初に成功せざるとも再度試むべし！」との決意を抱いて笠ヶ岳へ向かう。彼の笠ヶ岳へのアタックは、ガイドが得られなかったことなどにより、以前に失敗していたのである。信州松本のパン屋が洋式パンの製造に手をつけたと聞き、ここで三ダースもの小さな食パンを買い入れると、リュックサックにつめて「傘の峰」に向かった。これまで登山口の蒲田《かまた》では、村人はまったく登山に非協力的で、その目途を達せずにいた。今回も同様で、彼は村の神社の石段に打ち沈んで腰かけていた。すると、そばで見ていたひとりの人が宿泊を世話してやろうと言い出す。その家で道案内のために紹介された、中島という猟師との出会いを、ウェストンは印象深く述べている。

午後彼は登山の計画を相談しに私たちを訪ねて来た。そして自分の属している猟師の組頭の中島という人を連れて来た。この人はがっちりした顔形のととのった人で、私の経験したことのほとんどないような容貌の持主だった。前に路で会った猟師もこの階級では珍しく秀麗な人で、レヴァント Levant の海岸のどこかからやって来たように思えるくらいだった。

レヴァントとは東部地中海沿岸地方で、現在のシリア・レバノンなどを指す。そこに暮らすひとびとは、西ヨーロッパ人からみればエキゾチックな雰囲気に満ちていたのだろう。それとダブらせて中島なる猟師の風体を捉えたウェストンの視線は、オリエンタリズムに満ちていた。もっとも、明治の日本列島にやってきたヨーロッパ人であってみれば、それ自体はなかば当然であろう。それでも彼の中島へのはじめての印象は、ある種の

上高地河童橋に立つウェストン夫妻

宣教師たちが未開の異教徒を見るのとは違って好意的であり、日本での登山への期待のありかを暗示してもいる。

ここで登山計画について相談しているうちに、ウェストンは過去三年間に地元のひとびとが彼の登山に反対した理由がやっと分かってきた。中島は彼に、以下のように話した。

蒲田の人たちは、どうにもならないほど迷信的です。笠岳の人けのない絶壁や峡谷には、力の強い山の精が歩き廻っていると言いはっています。もしもこの谷間に住んでる人たちが、穀物などが稔る時期に見知らぬ人を山の境内に案内して行こうものなら、きっと荒れ狂う嵐が谷を襲うに違いないと信じています。彼らはこの嵐を、神聖をけがす罪を助けた人のせいにしてしまい、それにふさわしい罰をすぐに加えるでしょう。

この中島の説明は、いまだ江戸時代と地続きの一九世紀末における、ふもとに暮らすひとびとの山に対する心性を記録したものとして重要であり、同時期の山の宗教の一面を間違いなく物語ってもいる。この説明からは、一般的な山の聖域性を語るのに加えて、穀物の豊凶と山への信心が密接に結びつけられていることが分かる。山の神々はただ山中にいますのではなく、里のひとびとの生活と密接に結びついていた。柳田國男が「先祖の話」において説くように、祖霊である山の神が毎年里に降臨して田の神となり、収穫の後に山に帰るとする民俗信仰ともかなりの程度一致すると見てよい。

ただし、そうした心性が形成される背景には、すでに過ぎ去ったはずの幕藩制下の支配が、山への立ち入りを政治的に抑制した影響がいまだ残っていた可能性もある。その構造は、すでに立山周囲の近世奥山支配をめぐって見たとおりである。急激な近代化に敏感であるがゆえに、前近代的な信心がかえって強化されるということも、ときには想定してみなければならないこともある。いっぽうで中島らは、明治に入って約三〇年が経過する中で変化してきた、山間地域のひとびとの気持ちを代弁しているかもしれない。

この点に関連して、筆者にとって興味深く感じるのは、ひとびとが恐れる山につねに出入りしている猟師の中島が、もっともタブーに対して鈍感に振る舞っているように見えることである。マタギと言われる専門的な猟師仲間には、山言葉をはじめとして独特の入山の作法が知られている。だからわれわれは、山のタブーをもっとも厳しく守って入山するマタギのような猟師こそ、強い畏敬の念を山に抱き、ひとびとを山から遠ざけている張本人であるとつい思ってしまうのではないだろうか。その意味で、山の聖性を守るべき核とみなされるような猟師自身が、外国人を山中に案内することにもっとも積極的なのはなぜだろうか。この点は、のちに改めて考えてみたい。

頂上を目指すことの意味

こうして猟師である中島の案内を得て登山を決行した一行は、ついに頂上付近の稜線へと至る。そこから見える風景を、ウェストンは詳しく描写した。

双六川《すごろくがわ》の谷間へ落ち込んでいる左側の傾斜は、おもに這松《はいまつ》でおおわれている。しかし右側には、野性的な砕けた岩が槍ヶ岳の西の断崖へ突き出ている。穂高《ほたか》山と槍ヶ岳とをつなぐ壮麗な岩稜は、日出づる国にその比を見ない高さ二、三〇〇〇メートルの城壁のような巨大な絶壁の線を表している。灰色の水蒸気の渦巻く帳《とばり》がそこここにゆらゆらと立ち昇っているが、北には立山、南には富士がそのあいだから見えた。

かつて播隆が槍ヶ岳を目指した時、彼の関心はつねに槍ヶ岳そのものに張り付いていた。蝶ヶ岳に登頂した同行者の視線も、やはり槍ヶ岳に向けられている。つまり、目的の霊山以外に周囲の山々に対する関心は、播隆らにはほとんどなかったのである。これに対してウェストンは、稜線から見える立山・富士といった周囲の眺望に目を向け、おおいに楽しんでいる。現代のわれわれからすれば、この眺望が登山のもっとも大きな目的のひとつであり、むしろウェストンにこそ大いに共感するだろう。しかし、後述するように前近代の信仰登山においては、実際のところ目的とする山以外への眺望には恐ろしく関心が低い。ここには、信仰を主目的とする前近代の登山と近代登山との大きな断絶があった。列島中央に広がる山塊をはじめて「アルプス」と捉えたウェストンならではの視点こそ、現在のわれわれの登山に直結しているのである。

こうして稜線からの眺めを楽しみながら、一行はついに頂上に至る。

頂上へは二時四十五分に達したが、その頂上で、猟師たちがいつか前にのぼった時に立てた小さな記念の堆石標《ケルン》を見た。その猟師たちを除いては——または彼らの仲間の数人を除いては——日本人でもヨーロッパ人でもよいが、私たちが頂上に足跡を残した最初の登山者だと話してくれた。

じつは、さきにも述べたように笠ヶ岳登頂は、すでに江戸時代に何度も達成されている。しかしウェストンは、「頂上に足跡を残した最初の登山者」であることを、ことさらに誇らしげに記している。かつての播隆が、あとに多くのひとびとが続くことを願っていたのとは違って、むしろみずからが最初に頂上を征服した人であることを強調しているのである。

ここには、「頂を極める」という西欧近代的な登山観が露骨に表れている。ウェストンも宣教師という意味では播隆と同じ宗教者であったが、しかしふもとのひとびとの山に対する信心を、克服すべき迷信的なものとどこかで見ていないだろうか。この信心についても、またみずからの初登頂についても、ウェストンは『日本アルプス――登山と探検』の中で、中島ら案内人が「話してくれた」ことと表現した。その瞬間、ウェストンは西洋人として自身が主観的に考えたに過ぎなかった山の心性を、明治日本のひとびとに語らせることによって、たくみに客観化したのである。

ウェストン登頂から八年後の明治三五年には、笠ヶ岳山頂に陸軍陸地測量部により二等三角点が設置される。やがて大正三（一九一四）年、日本山岳会の小島烏水らがこの山に登頂することになった。

4　信仰からスポーツ・レジャーへ

頂上になにを見るか

小島らに続き、明治期における近代登山の成立に大きな役割を果たしたのが、木暮理太郎《こぐれりたろう》である。彼は田部重治《たなべじゅうじ》とともに、詳しい地図がまだ作成されていない探検時代の日本アルプスや秩父山地に入り、山々の魅力を世に紹介した。のちに、日本山岳会の第三代会長となる。小泉武栄《こいずみたけえい》氏は、この木暮の活動に注目している。木暮の生まれた群馬県新田郡強戸《ごうど》村（太田市）では、毎年八月の農閑期に富士山・御嶽山・八海山に二〇〜三〇人の講中が繰り出していた。また、少人数で出羽三山や大和の大峰山などにも出かけ、近くの赤城山・三峰山・庚申山・男体山などにもよく登っていたという。小泉氏はここから、「信仰登山という名目ではあるが、もはや登る山についての制限はほとんどなくなっていたことがわかる」と見ている。

ところが、小泉氏が紹介する木暮の以下のような回顧からは、この時期の登山者の視界がなお現代のわれわれと相当異なっていたことが分かる。

木暮は、御嶽に登った人に付近に高い山はなかったかと尋ね、高い山などはひとつもない、富士山だけが高く見えたという答えに、そのつもりで登ったら、つい目と鼻の先に木曾駒《きそこま》や乗鞍《のりくら》が高くそびえ、唖然《あぜん》としたと書いている。

彼らは笠ヶ岳を目指した播隆と同じく、周囲の山にほとんど興味を示していない。やがて二〇歳で御嶽山に登った木暮は、現在の中央アルプスや南北アルプスに感動し、遠くの山々の名前を尋ねた。ところが、山小屋の主人ですら乗鞍岳・木曾駒ヶ岳・槍程度しか名前を知らない。このエピソードを踏まえて、小泉氏が「御嶽講のひとびとにとってはまさに御嶽だけが大事であって、他の山々のことなどどうでもよかったのに違いない」と述べているのは卓見であろう。さらに氏は、こう続ける。

当時の人たちの価値観では、富士山や御嶽、鳥海山のような広い裾野を引く孤立峰や、里から見てどっしりとそびえる山が立派な山、あるいは名山と見なされており、逆に、同じような標高の山々が連なる場合は、高さは高くてもそれほど崇敬の対象にはならなかった。北アルプスは全体がこのケースに該当すると思われるが、例外的に槍や笠ヶ岳、剱岳、薬師岳あたりが名山とされたのは（立山は別格として）、これらがいずれも孤立峰に近い山容をもっていることによるのであろう。

これもまた、するどい洞察である。

スポーツ・レジャー登山の確立

このように、必ずしも一直線の道のりではなかったものの、明治の日本にも近代登山が成立した。すると、ひとびとの山に対する関心は宗教登山から、急激にスポーツ・レジャー登山へと向かってゆく。ここに、「頂点を目指す」という日本の山をめぐるあらたな価値観が急速に形成された。この転向によって、聖地としての山の意味は根本的に変容してゆく。それでも戦前は、高山への登頂は、おもに日本山岳会や大学登山部のような熟練した登山家集団に限られていた。木暮の次の世代にあたる一九〇三年に石川県で生まれた深田久弥は、『日本百名山』の中で第三八番目に栃木・群馬県境の皇海山《すかいさん》を取り上げ、木暮の「東京から見える山」を読んではじめてこの山を知ったと述べている。深田の考証によれば、皇海山は前近代には庚申山からの登山路が開かれていたもののいったん中絶、明治中期に復興するが、大正八（一九一九）年に木暮らが登った時は「どこから登っていいか分らず、自分で道を見つけ、迷い、藪を漕ぎ、野しゃがみをして、ようやく頂上に達するという、本当の山登りの楽しさの味わえる山」の一つであった。『日本百名山』にはこれと同じように、深田自身も道を探しながらの登山に挑戦した顚末が、しばしば楽しげに回顧される。大正時代以降、こうした経験の積み重ねによって、一般の登山者にも徐々に登頂可能な登山路が整備されていった。

そして、彼がこの本を書き終えた一九六〇年代までには、すでにこうした山はなくなっていたのである。深田は学生時代から、はやくにスキー場として開けた妙高《みょうこう》高原を訪れていた。ところが山頂は下から眺めるばかりで、そこに登ったのはかなり後のことのようである。そのころすでに裾野には、「リフトがつき、ウィーゼルが動き、花やかな色どりで覆われるようになった今日の妙高山麓スキー場」が広がっていた。戦後の高度経済成長期には、市民一般にレジャーを楽しむ文化と経済的な余裕が生まれ、その一つとして日本でも登山は急激に一般化してくる。

六〇年代に学生運動を核として形成された若者文化とリンクして流行した、ワンダーフォーゲルや「ゴーハイ」(合同ハイキング)の延長線上にもあった登山ブームは、しかし八〇年代までには衰頽し、バブル経済の中で若者の関心はいったん都市に向かう。バブル崩壊とともに二〇〇〇年代に入ると、ふたたび素朴なもの、自然との共生などが自覚され、現在のエコロジーや環境保護運動に接続していった。ヘビー・デューティとは言い難い花やかなギアに身を包んだ山ガールから、日帰りの登頂を強行する少々困った弾丸登山者まで、ともあれ若い世代にもふたたび山の世界が見直されている。

現在でも、山の裾野には古くからの歴史を物語る寺院や神社があり、登山路や山頂にも大小おおくの祠が祀られている。登山の途中に、それらの寺社に手を合わせた経験のある読者も少なからずいることであろう。老若男女を問わず、ご来光にあわせて未明から山頂に群がり手を合わせる登山者は、シーズンともなればかなりの数になる。このように、現代においても山の宗教が決して消えてしまったわけではない。しかし、山ガールや弾丸登山者に、日本人と山の宗教の長いかかわりの歴史とその意味について問いかけた時、彼らは何と答えるだろうか。すぐに想像するのは、なかなか難しい。そこで最後に、近現代における山の宗教の輪郭をもう一度描き直してみたい。

ロマンティシズムとノスタルジー

現代の日本列島に生きるわれわれにとって、山の宗教とは何なのだろうか。ウェストンらがもたらした西欧近代的な登山は、同時期にヨーロッパで流行した自然に対するロマンティシズムが色濃く影を落としていた。オリエンタリズムがその視線を上塗りしていたことは、言うまでもない。このような心性は、小島烏水らのようにインテリでもあった明治期の日本の登山家によってさらに内面化されてゆく。こうして、前近代から続く日本の山の宗教の系譜は見えにくくなった。これと並行して急速に進んだ近代化は、〈失われたふるさと〉への情緒を高めてゆく。里山は、そのようなふるさとの一部として形象化され、いつか〈帰る場所〉として語られるものと化していった。

だがいっぽうで、近代に向かうひとびとにとって、背にしてきたふるさととは〈遅れた前近代〉の象徴でもあり、実際にそこに帰ることはない。このような構造の中では、里山へのノスタルジーが醸し出されこそすれ、その中に根づいている山の宗教や文化の実態を顧みることもまた、なくなったのである。こうして言説化した山の宗教は、ますます見えにくくなった。夕焼け小焼けのなかをカラスが帰ってゆく方向に見える、近代的な「山のお寺」は、あくまでノスタルジックな形象に留まり、永い歴史の中でそこに何が蓄積されてきたのかを知ろうとするひとびとは、いなくなってしまった。

このように、いったん近代に置き去りにされた山の宗教に対して、人文学の世界はそれなりのアプローチを試みてきた。しかし、そのような学問的な営みもまた近代というバイアスを免れることはできない。その過程で、西欧の宗教学理論を導入した山の宗教のモデル化が、むしろ日本における歴史的実態から離れた言説やイメージの先行に拍車をかけた一面は否めないだろう。

たとえば二〇世紀の宗教学者、ミルチャ・エリアーデは『永遠回帰の神話』において、古代の神話的祖型を、人類が歴史を撥無《はつむ》することにより繰り返し再現しようとしてきたことを説く。このモデルにより、人間の心性が文明化の中で歴史や環境を認識してゆく過程を、祖型から演繹的に説明しているのである。

エリアーデが、ユダヤ・キリスト教の色濃い影響下にあった一九世紀までの西欧宗教学の伝統を抜け出して、広く日本も含む東洋の宗教に目を向けていったことには、それなりに注目しなければならない。ここから、日本の宗教学においてもこの理論を受け入れやすい素地が提供され、〈帰る場所〉としての山をめぐる近代的な言説と「回帰」という発想とが結びつけられていったと筆者は考えている。

ふたたび基層信仰論を問う

しかし、これまで日本の山の宗教の現場に立ち、実際にその中を生きてきたひとびとの残した記録に沿って、その歴史的実態をなるべく帰納的に説明しようと努めてきた本書の立場から、果してこのような結びつけ方が妥当であったのか、問い直してみなければならない。なぜなら、「祖型」への「回帰」というモデルを受用してきた近代日本の宗教学の中にもまた、本書で筆者が一貫して批判的に捉えてきた民俗学的な基層信仰論が、ふたたび顔を出しているように思われるからである。

たとえば、修験道において山林修行を儀礼化した「峰入」は、季節が巡るごとに繰り返される循環儀礼と理解することができる。山伏は毎年の峰入を重ねながら、先達としての階位を上昇させてゆく。この峰入のクライマックスとして毎回山中の聖所において繰り広げられる象徴儀礼は、とくに原初の祖型的創造神話の再現と見られ、それへの回帰を説く宗教理論と接続されてゆく。つまり山中には儀礼を通じて顕現する変わらぬ基層があり、そこで永遠なる原初へと「回帰」するのである。

この意味で、彼らにとっても山はつねに〈帰る場所〉であったということになる。さらに、聖所における象徴儀礼のターニングポイントとして、山中でバーチャルな死を体験する「擬死」と、そこから生まれ変わってふたたび現世に戻ってくるまでの「再生」の過程が整理され、理論化される。ここから、大峰修行や羽黒山の十界修行などが、つぎつぎに分析されていった。

これに対して、本書においては大陸から伝来した仏教が山の宗教に大きな影響を与え、その姿を根本的に変えていった事実を明らかにしてきた。仏教はしょせん上着のようなものであって山の宗教の〈本質〉を変容させることはなく、その基層には循環儀礼を基本形とする原始以来の信仰が一貫して存在するという、五来重に代表される基層信仰論的な説明は、本書ではすでに無効となった。それでは仏教の立場から見ると、このような構造はいったいどのように解釈することができるのだろう。われわれは、このおおきな問いにも向き合わなければならない。

仏教では、死と生を繰り返すことは「輪廻」と捉えられる。その「生死」からの解脱こそが、さとりへと至る修行の本来の目標であった。この点から考えると、峰入によって何度も擬死再生を繰り返すことは、仏教ではかえって厭うべき輪廻の世界に永遠にどっぷりと浸かっているようなものである。さらに、創造主も創造神話も積極的には説かない仏教において、原初の神話への回帰という発想がどこまで有効なのだろうか。これはもはや、ひとり近代宗教学ばかりが考え直さなければならない問題ではない。インドで発生した仏教を根本と見るあまりに、東アジアの辺境において山の宗教に抱かれ、永い歴史的過程の中で変容してきた日本仏教の実態的側面に必ずしも向き合ってこなかった近代仏教学の側からも、もう一度問い直すに値する課題だろう。

たとえば大乗仏教には、菩薩は衆生済度のためにあえて最終的に解脱せずに現世に戻ってくるとする考え方（大悲《だいひ》闡提《せんだい》）があり、現世への再生をすべて否定してきたわけではない。また、日本仏教を特徴づけるひとつである本覚思想の中には、生死を繰り返すことがそのままさとりの姿を現す（生死即涅槃）という「あるがまま主義」的傾向（本覚思想）があることも、指摘されてきた。このような仏教理論は、修験道とも相互に大きな影響を与えてきたはずである。ところが従来、修験道は実践の宗教であるという一面が強調されたあまりに、教理面からの研究はあまり進んでいない。

ここから先の教理解釈はもはや筆者の手にあまり、また読者もこの場でこれ以上の考察を望まないだろう。ただし、いったん西欧近代の学問理論の日本宗教への応用の軌跡を顧みれば、宗教理論や教理文献研究と、山の宗教の現場で展開してきた実態の両方を踏まえた再検討の時期に差しかかっていることは間違いない。これから歴史学は、山の宗教をめぐるこれらの諸分野のかなめにどのようにして立ち、この作業を進めることができるだろうか。

〈帰る場所〉の意味

現在、山を愛するひとびとが、いままで述べてきたような祖型への回帰や擬死再生を意識して登山を楽しんでいるわけではもちろんない。しかし、なんとなくいつか〈帰る場所〉として山を感じ、愛好する人は多いだろう。人生に行き詰まった時に山に帰り、そこですべてを「リセット」して日常を生き直す。そこまでではなくとも、山が現代人にとってまた訪れたいと思う「リフレッシュ」の場であることは明らかである。

山の宗教をめぐる近代の言説が、陰に日向にそのような気分を強めてきた面があることは否めない。修験道の峰入は、山中における擬死の体験と母なる山の胎内における再生を表象する儀礼であるといった解釈は、そのような言説の典型であった。しかしながら、このような文脈にせよ、山の宗教を語ることができるようになったのも、ようやく近年の話である。近代がいくら合理的な社会であるとはいえ、非合理的な存在を解消できたわけではない。死と生こそ、その最たるものであろう。しかしそれらには、合理的説明の環を性急に閉じようとするあまりに、とりあえず見えないように「異界」に押し込め、隠蔽しようとする心性が強く働いてきた。

たとえば、死。遺体は医療従事者や葬祭業者などの専門家に委ねられ、日本では死刑執行の実態も公開されることはない。死はきわめて見えにくくなった。そして、生。死と背中合わせに存在する誕生もまた隠蔽されている。出産は病院で行うのが一般的となり、日常生活からは完全に隔離された。男性も分娩室で立ち会い出産が認められるようになったのは、ごく最近の出来事である。それでも男性にとって、なお出産について知らないことがらは多い。かくして死と同じく誕生もまた、「異界」に押し込められてきたのである。

このように、日常生活から切り離されたさまざまな非合理性が押し込められた先こそ、近代の山の宗教だったのではないだろうか。山は、隠蔽されることによって希薄となった生死を再確認する異界であると考えれば、近代の宗教民俗学が擬死再生の理論を楯にその中に切り込もうとしたことは、決して的外れな試みではなかったことになる。現代に生きる我々が山の聖域性をことさらに強調し、そこに異界を見ようとするとき、同時にその心性が近代の合理主義によってさまざまな方向から圧力をかけられ、ゆがめられた歴史の上に最終的に立ち上がってくる、きわめて近代的なイメージに強く支配されていることを思い知らなければならない。

『劒岳』のメッセージ

すでに触れた新田次郎の小説『劒岳──点の記』には、柴崎芳太郎率いる陸地測量部一行が剣岳登頂を果たす上で決定的なメッセージを残して死んでゆく、一人の「行者様」（修験者）が登場する。

劒岳は登れない山、登るべき山ではないと云っているのは、立山信仰を信ずる人たちであって、私のように、正しい修験道を歩む者には、登れない山もないし、登ってはならない山もありません。私は未だに劒岳へ登ったことはありませんから、どうしたらあの山へ登ることができるかを教えて上げることはできませんが、私の師が死ぬ折、もし劒岳へ登るならば雪を背負って登り、雪を背負って帰れと云い残して死んだ、その一言を今日のお礼としてあなたに差上げます。雪を背負って登り、雪を背負って帰れ。どうぞあなたのお力で劒岳へ登って下さい。

新田はここで、前近代の伝統をかたくなに守っているかのように思われがちな修験者のほうが、むしろ陸地測量部の登頂計画に好意的であることを効果的に描いてみせる。「立山信仰を信ずる人たち」こと芦峅寺の御師・中語が、柴崎らの登頂に冷たい一面を持っていたことについてはすでに触れた。しかしこのひとたちも、必ずしも陸地測量部の活動を阻止したわけではなく、むしろ部分的には協力してもいるのである。

かつて、明治期に宣教師として日本にやってきたウェストンのまなざしは、山の宗教の中に生きてきた日本のひとびとの多くを、迷信を手放せない前近代の象徴として捉えた。これに対して彼は、近代的なこころざしをもって山頂を征服する自己の業績を進歩的と考え、『日本アルプス――登山と探検』の中でみずから手放しの賛美を謳歌した。ところが新田も鋭く看破するように、ひとたびこのようなまなざしを逃れて改めて明治の山の宗教を見据えてみると、そこに生きるひとびとは前近代に引き続き、必ずしも登山の禁忌を絶対的に守ってきたわけではない。むしろ、そうしたひとびとの手を借りることによっ

剣御前小舎附近から望む早朝の剣岳

て、近代登山は生まれていったのである。

決して、前近代の山の宗教を生きてきたひとびとを蹴散らして近代登山が開かれたわけではない。見えにくくはあっても、そこにはゆるやかな連続性があった。この両者の橋渡しを効果的に描くうえで、「行者様」はじつに重要な役割を果たしている。このような関係の中で、柴崎芳太郎と立山の案内役である地元出身の宇治《うじ》長次郎《ちょうじろう》の友情も育まれてゆく。二人の協力により、小島烏水率いる日本山岳会と競いながら、おおくの困難を押して陸地測量部の剣岳初登頂は成し遂げられた。しかし、頂上では一〇〇〇年ほども昔のものと思しい錫杖が発見される。つまり、平安時代前期にはすでにこの山に登頂者がいたことになってしまった。

もちろん、それ以来長く登頂路は途絶していたのである。にもかかわらず、柴崎らの登頂は「初」とはみなされず、うやむやにされてしまう。陸軍上層部にとっては、とにかくはじめて頂上を征服するという事実こそが、もっとも重要だったからである。だが、測量官としての柴崎にとって、「初」登頂は必ずしも大きな意味を持っていたわけではなかった。彼は測量のために周到な準備と工夫を凝らし、自宅で待つ新妻のことを思いながら登山を続け、そして剣岳の頂上に三角点を設置した。また登山の過程で長次郎や仲間と育んだ友情にも支えられ、ともに登頂を目指した小島らとも気持ちを通わせつつ、その成果を彼なりに噛みしめてゆく。頂上の一点よりも、むしろその前後に広がる道程こそが、彼にとっての剣岳登頂のすべてだったのである。

陸軍上層部による柴崎の成果のもみ消しを通じて、新田は日露戦争後に一気に自信をつけた日本という国が、やがてそのさきに待つカタストロフィを思わず、やみくもに「世界一」という頂上へと猛進し始めたそのころの雰囲気を、それとは裏腹に自分の仕事に取り組んだ男たちの姿と対照させながら、象徴的に描いたのであった。新田がこの小説を著した一九七〇年代の日本社会は、そろそろ進歩的近代賛美に倦《う》んでいた。もはや高度経済成長期を終えようとしていたひとびとの、このような心の揺れを、新田は明らかに感じ取っていた。

あいだにアジア太平洋戦争という決定的な挫折を経験しながらも、高度経済成長期の中でそれを軽々と飛び越すかのようにけっきょく近代を美化し、明治百年を奉祝した少しあとの一九七〇年代の日本で、新田は小説という形で頂上を目指すことの意味を問い直した。山の頂上の持つ宗教的重要性を、本書においてもまったく否定するつもりはない。だが、山の宗教の中心は裾野にこそ求めるべきであると、筆者は繰り返し強調してきた。このことは、前近代のひとびとにとってはむしろ自明であったはずだ。その目線を一挙に頂上の一点に釘付けにした近代化の中で、長く続いてきた山の宗教をめぐる歴史観は、大きく歪められてしまったのではないだろうか。その意味を考えるとき、「登ってはならない山」剣岳への登頂を描く新田のこの小説はやはり多くの示唆に富んでいる。山の宗教への旅路を終えるにあたり、最後にもう一度そのメッセージを受け止めたい。

明治百年から半世紀後の二〇〇九年、この作品は映画化された（木村大作監督『劒岳 ―― 点の記』、「劒岳 点の記」製作委員会）。しかし、日本列島ではその裏で二〇一八年、安倍晋三政権主導のもと、明治一五〇年関連事業がさまざまな形で展開する。「明治の精神に学び、さらに飛躍する国へ」（内閣官房ホームページ）。権力の頂上に昇りつめた首相の眼には、しかしながら、そこからいったい、どのような風景が見えているのだろうか。

終章

富士山・立山とともに日本の三霊山のひとつにも数えられる白山連峰。とおく濃尾平野《のうび》からも、たおやかに白雪をいただく幽姿を望むことができる。それがそのまま、山の名前となった。立山を訪れた仲間と連れ立って、その次の年、筆者は若き深田久弥がはじめてその頂上に立ってから、約一〇〇年後の白山にいた。立山と同じく、やはりかつては信仰登山のベースキャンプであった室堂がここにもあり、いまでは観光登山の一大拠点として立派な宿泊施設もこしらえてある。

この場所で一泊して日の出前に登り始めると、一時間足らずで頂上を踏むことができる。ご来光目当ての登山客は、もっぱらこのパターンに群がっていた。しかしわれわれは、前日は室堂ではなく竜ヶ馬場に一泊するコースをたどり、早朝の沢の流れや高山植物、雪渓などの景色を楽しみながら、ご来光組がはけて一段落したころ山頂に着いた。この山も、いまは金沢から山中に続く国道を車で南下し、福井県側の別当出合《べっとうであい》から容易にアプローチできるようになった。

しかしかつては、加賀・越前・美濃と三つのいずれの登山口、すなわち馬場から出発しても、ひとびとは禅定道《ぜんじょうどう》を登りながら山頂に至るのに数日を要しただろう。頂上に立ちながら、あらためてその歩みを思うと、山の宗教の世界は頂上にのみ凝縮されているわけではないと、いまさらながら実感できる。それぞれの故郷からここまで続く道のすべてが、白山登山であった。

現代の白山室堂平

戦後において、山の宗教の系譜が一番見えにくくなっていた一九八〇年代。このころ中学生となった筆者は、自動車をめぐる日米貿易摩擦のニュースにようやく関心を向けていた。すでに低成長時代に突入していた日本では、大量消費に対する反省から省エネルギーが叫ばれ、やがて環境やエコロジーといった言葉が一般的となってゆく。しかし、そこからひとびとの眼がふたたび山へと向けられたのは、バブル経済が崩壊した九〇年代後半以降のことであったように思う。

八〇年代には学界でも、山の宗教をめぐっては基層信仰論がいまだ優勢であり、なかなかあらたな展望を打ち出すことができないままこの時期を通過してゆく。貿易摩擦をめぐってアメリカから突き付けられた常套句は「非関税障壁」であったが、あるいは「日本固有の基層信仰」という概念もまた、山の宗教という興味深いテーマを国際的に共有するうえで見えない「障壁」となっていたかもしれない。それでも、この時期の日本の経済的躍進が世界で注目された結果、海外における日本学の水準は飛躍的に向上し、定着していった。こんにちでは、日本以外の地域をネイティブとする立場からの視点を巧みに生かした、山林修行や巡礼に関する宗教史や美術史研究がつぎつぎに発表されるようになった。

日本列島から広く世界に出ていくひとびとも多い今日、あとに残してきた故郷を、このような海外からの視点にも助けられながら捉え直すことは、とくに重要になってくるだろう。かつて、文部省唱歌「故郷」をベースに、ウサギを追いかけた山、小鮒《こぶな》つりに興じた川を懐かしみ、こころざしを果たしていつか帰ることのできる場所として振り返るという、近代の故郷観がしばしば論じられたことがあった。

このような〈帰る場所〉としての故郷をめぐる近代的言説が、山の宗教にも大きく影響を与えていったことは、すでに本書で述べたとおりである。だがこの歌の段階では、まだ日本人にとっての故郷は列島のどこかにあるのが自明であり、しかもなんとか固定的なイメージを共有することができた。ところが、グローバル状況の中でヒトやモノの動きがますます活発になってくると、もはやこのイメージさえ実感が持てなくなっている。二〇一〇年の「第六一回NHK紅白歌合戦」において、アイドルグループ嵐《あらし》が発表した「ふるさと」にはこのように歌われている。

巡りあいたい人がそこにいる／やさしさ広げて待っている／山も風も海の色も／いちばん素直になれる場所／忘れられない歌がそこにある／手と手をつないで口ずさむ／山も風も海の色も／ここはふるさと（JASRAC 出 二〇〇五二八〇二二-〇一）

「なつかしい匂いの町に帰りたくなる」と始まるこの歌は、しかし、どこかに地理的に固定された故郷を想定しているわけではない。巡りあうべき人が待っている場所、いちばん素直になれる場所、いわば属人的な「そこ」「ここ」が、山も風も海の色もうるわしき、彼らにとっての「ふるさと」なのである。さらに「ふるさと」は「進む道」「夢の地図」であり、未来にむけて創ってゆくものと歌いあげられてゆく。故郷は、ここまで流動化することによって、かろうじてひとびとに再認識されようとしている。

このような社会状況のなかで、山の宗教もまた、ますます捉えにくくなるだろう。頂上ばかりを眺めてそこへ急ぐあまりに、周囲に広がる景色を見逃している限り、いつかその頂上さえ見失うことになりかねない。そういうわけで、本書が目指したように裾野に広がる長い歴史をゆっくりと時間をかけてたどることが、これからさらに重要になってくる。

筆者はこのような認識を、決して抽象的な近代故郷言説批判の中でのみ培ってきたわけではない。本格的な登山の技術も経験もないが、機会を見つけてはなるべくかつての霊山を訪れ、そこに実際に立って、山の宗教の現場から考える姿勢を大事にしてきたつもりである。いままで立山・白山のほかにも、月山《がっさん》・富士山・大山《おおやま》・高尾山《たかおさん》・大峰・三徳山・石《いし》鎚山《づちやま》・英彦山《ひこさん》・阿蘇山などを踏んできたし、そしてこれからは、岩木山・早池峰山《はやちねさん》・御《おん》嶽《たけ》・伯耆大山《ほうきだいせん》・脊振山《せぶりやま》……。必ずしもアプローチが困難な高山ばかりではないことは、登山を趣味とする読者ならお分かりだろうが、いずれも魅力的な霊山である。

このような実践と直接の関係はないはずであったが、筆者は最近、徳島県の山間部において、数年にわたりフィールドワークの機会を得た。吉野川《よしのがわ》の支流である鮎喰川《あくいがわ》を車で遡って神山町《かみやまちょう》へ向かいながら、もう二〇年以上も前のある夏、長距離旅客フェリーにオフロードバイクを載せて四国を訪れ、この道の北側にそびえる剣山の麓に、東西約八〇キロメートルにわたって貫通するスーパー林道を走破したときのことを思い出していた。

最高峰の石鎚山でも、わずかに二〇〇〇メートルに届くことはない四国山地は、しかし深く刻まれた無数のV字谷によって覆われている。バブルがはじける直前の当時の都会から来たひとりの若者の眼に、この谷々の深さはとくに印象深く、しばしバイクを止めて見とれるほどであった。この深い山あいに、中世から続く多くの集落が、斜面に張りつくようにして尾根筋付近の高いところまで点在している。

役場から先は枝道に突入してV字谷の斜面を登り、さんざん迷ってようやく目的の集落に到着した。車で行けるのはここまでで、ヒノキ林に囲まれた集落を抜ける道はまもなく未舗装となって山の中に消えていた。その境目の路傍に立つ廃屋の窓から室内を覗くと、一九七〇年代の生活用品が雑多に転がっている。これ以降、住民はつぎつぎと山を下りたと見え、聞き取り調査もままならない。ここは、いまでは老婆がひとり暮らすきりという、四国山中の典型的な限界集落であった。その中央には、かつての祭礼の賑わいが聞こえてくるような神社の社殿が、いまは静かにたたずむ。この敷地の奥に立てかけられた数基の板碑が、眠るようにして調査を待っていた。

徳島県は、「板碑」と呼ばれる中世の石造供養塔が集中的に分布する地域のひとつである。畑や山林の中に設けられた小さな墓地には、おおむね一四世紀前半以降の板碑を点々と見出すことができる。これらの板碑が集落のおおまかな形成期を示し、以後断続的ではあれ、現代にいたるまで周辺が生活領域として維持されてきたことを物語っているのである。山と集落が、ほとんど抱き合うようにして形づくられてきたこのような中世以来の歴史的景観が、いよいよ終焉しようとしている危機的段階を、ここで目の当たりにした。それ以来、筆者にとって山は、決してかつてイメージの中に形成された〈帰る場所〉でもなければ、また近年ふたたび心の中に立ち現れてきた異界でもない。序章で紹介した、二一世紀のひとびとのあらたな宗教的心性ともいうべき「山怪《さんかい》」を、単に人間の生活領域と隔絶した異界に繰り広げられた語りのままで終わらせることは、もはや筆者にはできなくなった。

「山と人の宗教誌」は、まもなく語ることさえ不可能な段階に突入しつつある。このことに危機感を持ちながら、その意味をこれからも問い続けてゆきたい。

参考文献一覧

序章

安曇潤平『山の霊異記』シリーズ、角川書店、二〇〇八～一九年
菊地大樹『中世仏教の原形と展開』吉川弘文館、二〇〇七年
同『鎌倉仏教への道』講談社、二〇一一年
工藤隆雄『新編　山のミステリー』山と溪谷社、二〇一六年
同『マタギ奇談』山と溪谷社、二〇一六年
田中康弘『山怪』一～三、山と溪谷社、二〇一五～一八年
深田久弥『日本百名山』新潮社、一九七八年、初版一九六四年

第一章

畔上直樹『「村の鎮守」と戦前日本』有志舎、二〇〇九年
井上卓哉編『富士登山列伝──頂に挑むということ』富士山かぐや姫ミュージアム、二〇一七年
伊吹敦「北宗における禅律一致思想の形成」『東洋学研究』四七、二〇一〇年
同「初期禅宗と日本仏教」『東洋学論叢』三八、二〇一三年
同「道璿撰『註菩薩戒経』佚文集成」『東洋思想文化』三、二〇一六年
上野誠『日本人にとって聖なるものとは何か』中央公論新社、二〇一五年
上原真人「古代の平地寺院と山林寺院」『仏教芸術』二六五、二〇〇二年
大塚雅司「役行者説話の変遷」、中村璋八編『中国人と道教』汲古書院、一九九八年

上川通夫「神身離脱と悔過儀礼」、GBS実行委員会編『論集カミとほとけ――宗教文化とその歴史的基盤』(ザ・グレイトブッダ・シンポジウム論集(三))、法蔵館、二〇〇五年
木本好信「仲麻呂政権と法進」『藤原仲麻呂政権の基礎的考察』高科書店、一九九三年、初出一九八四年
蔵中しのぶ『『延暦僧録』注釈』大東文化大学東洋研究所、二〇〇八年
小池香津江「三輪山周辺の祭祀遺跡」、三輪山文化研究会編『神奈備 大神 三輪明神』東方出版、一九九七年
五来重「庶民信仰における滅罪の論理」『五来重著作集』九、法蔵館、二〇〇九年、初出一九七六年
是澤紀子「近世初期三輪山における禁足の制定とその景観――神社の禁足地とその景観に関する研究」『日本建築学会計画系論文集』七九、二〇一四年
同「近世神社の境内と自然――三輪山禁足地の近代化をめぐって」『神園』一五、二〇一六年
佐々木中『神奈備』河出書房新社、二〇一五年
佐藤道子「『唱礼』について」『東洋音楽研究』五〇、一九八六年
薗田香融「古代仏教における山林修行とその意義」『平安仏教の研究』法蔵館、一九八一年、初出一九五七年
冨樫進『奈良仏教と古代社会』東北大学出版会、二〇一二年
徳田明本『律宗概論』百華苑、一九六九年
戸次顕彰「道宣による『七種礼法』引用の意図」『東アジア仏教研究』九、二〇一一年
中尾佐助『花と木の文化史』岩波書店、一九八六年
硲慈弘「大安寺道璿の註梵網経について」、根本誠二編『奈良時代の僧侶と社会』(論集奈良仏教三)雄山閣、一九九四年、初出一九二五～二六年
船山徹『『梵網経』臨川書店、二〇一七年
蓑輪顕量「最澄の小戒棄捨について」『印度学仏教学研究』三六―一、一九八七年
村山修一「三輪の神宮寺」『変貌する神と仏たち』人文書院、一九九〇年

柳田國男『先祖の話』、『柳田國男全集』一五、筑摩書房、一九九八年、初版一九四六年

第二章

畔上直樹『「村の鎮守」と戦前日本』（前掲）
飯沼賢司『国東六郷山の信仰と地域社会』同成社、二〇一五年
上原真人編『皇太后の山寺』柳原出版、二〇〇七年
大隅和雄『聖宝理源大師』醍醐寺寺務所、一九七六年
大曾根章介「学者と伝承巷説――都良香を中心にして」『大曾根章介　日本漢文学論集』二、汲古書院、一九九八年、初出一九六九年
岡野浩二「七高山薬師悔過と七高山阿闍梨」『中世地方寺院の交流と表象』塙書房、二〇一九年、初出二〇一五年
同「平安時代の山岳修行者」『中世地方寺院の交流と表象』（前掲）
小山田和夫「真済について――実恵・真紹との関係」『立正史学』四二、一九七八年
同「『故僧正法印大和尚位真雅伝記』と『日本三代実録』真雅卒伝について」『日本歴史』三六三、一九七八年
同「都良香の散文作品をめぐる研究の現状とその問題点の整理――『富士山記』を中心として」『立正大学文学部論叢』一〇二、一九九五年
上川通夫『日本中世仏教と東アジア世界』塙書房、二〇一二年
菊地大樹「里山と中世寺院」、久保智康編『日本の古代山寺』高志書院、二〇一六年
衣川仁『中世寺院勢力論』吉川弘文館、二〇〇七年
小泊立矢「「仁安目録」の疑問点」『大分県地方史』一〇四、一九八一年
小林崇仁「日光開山・沙門勝道の人物像」『（蓮花寺仏教研究所）紀要』二、二〇〇九年
佐伯有清『聖宝』吉川弘文館、一九九一年

首藤善樹『金峯山寺史』五条順教、二〇〇四年
薗田香融「古代仏教における山林修行とその意義」(前掲)
平雅行「殺生禁断と殺生罪業観」、脇田晴子他編『周縁文化と身分制』思文閣出版、二〇〇五年
高木訷元『空海――生涯とその周辺』吉川弘文館、一九九七年
竹居明男「日本における仏名会の盛行」、落合俊典編『中国撰述経典』三(七寺古逸経典研究叢書)大東出版社、一九九五年、初出一九八〇・八一年
同「道昌と仁明朝の宮廷」『日本古代仏教の文化史』吉川弘文館、一九九八年、初出一九八九年
土谷恵「平安前期僧綱制の展開」『史艸』二四、一九八三年
時枝務『修験道の考古学的研究』雄山閣、二〇〇五年
日光二荒山神社編『日光男体山――山頂遺跡発掘調査報告書』名著出版、一九九一年、初版一九六五年
長谷川裕峰「葛川明王院における行者中」『日本仏教綜合研究』八、二〇一〇年
保立道久『歴史のなかの大地動乱』岩波書店、二〇一二年
堀裕「「化他」の時代――天長・承和期の社会政策と仏教」、角田文衞監修『仁明朝史の研究――承和転換期とその周辺』思文閣出版、二〇一一年
同「平安新仏教と東アジア」、大津透他編『岩波講座　日本歴史』四(古代四)、岩波書店、二〇一五年
本郷真紹「宝亀年間に於ける僧綱の変容」『律令国家仏教の研究』法蔵館、二〇〇五年、初出一九八五年
水野章二『里山の成立』吉川弘文館、二〇一五年
宮家準「聖宝伝説考――修験道の伝承を中心として」『インド古典研究』六、一九八四年
同『熊野修験』吉川弘文館、一九九二年
結城正美他編『里山という物語』勉誠出版、二〇一七年

第三章

大塚紀弘「末代上人の富士山埋経と如法経信仰」『日本宗教文化史研究』一九―二、二〇一五年
上川通夫『日本中世仏教史料論』吉川弘文館、二〇〇八年
菊地大樹『中世仏教の原形と展開』(前掲)
同「慈円――法壇の猛将」、平雅行編『公武権力の変容と仏教界』清文堂出版、二〇一四年
同「里山と中世寺院」(前掲)
同「民衆仏教の系譜」、大久保良峻編『日本仏教の展開』春秋社、二〇一八年
櫛原功一「柏尾山経塚の復元」『山梨県考古学協会誌』一七、二〇〇七年
五味文彦「藤原顕長」『人物史の手法』左右社、二〇一四年
首藤善樹『金峯山寺史』(前掲)
多賀宗隼『慈円の研究』吉川弘文館、一九八〇年
竹森靖「中世白山宮の成立と支配構造」『北陸史学』三一、一九八二年
西岡芳文「新出『浅間大菩薩縁起』にみる初期富士修験の様相」『史学』七三―一、二〇〇四年
白山本宮神社史編纂委員会編『白山比咩神社史』白山比咩神社、二〇一五年
宮家準『熊野修験』(前掲)
山口昌男『周縁』(山口昌男著作集五、筑摩書房、二〇〇三年)所収、初出一九七五年
吉田一彦「宗叡の白山入山をめぐって」『仏教史研究』五〇、二〇一二年

第四章

笠原信男「宮城県における修験の活動――中世熊野先達・持渡津をめぐって」『東北歴史博物館研究紀要』五、二〇〇四年

菊地大樹『持経者の原形と中世的展開』香川県立図書館、一九九六年
同「人々の信仰と文化」、白根靖大編『室町幕府と東北の国人』（東北の中世史三）、吉川弘文館、二〇一五年
同「日本中世における宗教的救済言説の生成と流布」『歴史学研究』九三二、二〇一五年
黒嶋敏『中世の権力と列島』高志書院、二〇一二年
近藤祐介『修験道本山派成立史の研究』校倉書房、二〇一七年
坂本亮太「一三～一五世紀における在地寺社と村落」『歴史学研究』八八五、二〇一一年
高橋良雄他『中世日記紀行文学全評釈集成』七、勉誠出版、二〇〇四年
時枝務他編『修験道史入門』岩田書院、二〇一五年
戸田芳実『歴史と古道――歩いて学ぶ中世史』人文書院、一九九二年
長谷川裕峰「葛川明王院における行者中」（前掲）
林文理「地方寺社と地域信仰圏――若狭における如法経信仰」『ヒストリア』九七、一九八二年
同「中世如法経信仰の展開と構造」、中世寺院史研究会編『中世寺院史の研究』上、法蔵館、一九八八年
深田久弥『日本百名山』（前掲）
真鍋俊照「虚空蔵求聞持法画像と儀軌の東国進出」『密教図像と儀軌の研究』上、法蔵館、二〇〇〇年、初出一九九五年
水野章二『里山の成立』（前掲）
三井記念美術館他編『国宝熊野御幸記』八木書店、二〇〇九年
宮家準『熊野修験』（前掲）
和歌森太郎『修験道史研究』平凡社、一九七二年、初版一九四三年

第五章

ウォルター・ウェストン（岡村精一訳）『日本アルプス――登山と探検』平凡社、一九九五年、英語初版一八九六年、日本語初版一九三三年
越生町史研究会編『越生の歴史』越生町、一九九一―二〇〇〇年
小泉武栄『登山の誕生』中央公論新社、二〇〇一年
富山県［立山博物館］編『奥山巡見――奥山巡りのダイナミズム』同博物館、二〇〇七年
夏川草介『神様のカルテ』二、小学館、二〇一〇年
新田次郎『劒岳――点の記』文藝春秋、二〇〇六年、初版一九七七年
水野勉「解説――日本近代登山の礎となった山の古典」、ウォルター・ウェストン（岡村精一訳）『日本アルプス――登山と探検』（前掲）
ミルチャ・エリアーデ（堀一郎訳）『永遠回帰の神話』未来社、一九六三年
森和也『神道・儒教・仏教』筑摩書房、二〇一八年

出典一覧

第一章

黒駒に乗り富士山に至る聖徳太子／『聖徳太子絵伝』（部分とも、平安時代）　東京国立博物館研究情報アーカイブズ
カンナビとして知られた三輪山　三輪山文化研究会編『神奈備　大神　三輪明神』東方出版、一九九七年
役行者に従う山の鬼神（前鬼・後鬼）　大阪市立美術館編『役行者と修験道の世界』毎日新聞社、一九九九年
奈良時代に書写された『梵網経』（霊春願経）　京都国立博物館編『古写経』同館、二〇〇四

第二章

二荒山頂遺跡附近の景観（一九六三年ごろ）　日光二荒山神社編『日光男体山』名著出版、一九九一
せの海の推定範囲　小山真人『富士山大噴火が迫っている!』技術評論社、二〇〇九年
平安時代に書写された『仏名経』　東京国立博物館研究情報アーカイブズ
聖宝肖像　奈良国立博物館編『国宝醍醐寺のすべて』日本経済新聞社、二〇一四年
行者らが署名した葛川常住僧の訴え／『葛川明王院文書』　村山修一編『葛川明王院史料』吉川弘文館、一九六四年
夷岩屋（大分県豊後高田市六所宮、一九九五年ごろ）　大分県立宇佐風土記の丘歴史民俗資料館『六郷山寺院遺構確認調査報告書』三、一九九五年

第三章

硫黄島の伝安徳天皇墓所　三島村中世資史料調査団「鹿児島県三島村の石造物等調査概報」『石造物の研究』三一、二〇一三年

鳥羽天皇肖像／『天子摂関御影』天子巻　宮次男編『天子摂関御影・公家列影図・中殿御会図・随身庭騎絵巻』（新修日本絵巻物全集二六）角川書店、一九七八年

柏尾山経塚出土経筒　山梨県編『山梨県史』資料編三、同県、二〇〇一年

米沢寺（柚口金桜神社奥社地）と柏尾山周辺図　櫛原功一「柏尾山経塚の復元」『山梨県考古学協会誌』一七、二〇〇七年（一部加筆）

近世初期に再建された慈恩寺本堂（山形県寒河江市）　本山慈恩寺編『慈恩寺の文化財』同寺、二〇一四年

第四章

大峰持経者宿で、山伏とともに行尊の卒塔婆を眺めて歌を詠む西行／『西行法師行状絵巻』小松茂美編『西行法師行状絵巻』（続々日本絵巻物大成　伝記・縁起篇三）、中央公論社、一九九五年

藤原定家「熊野御幸記」巻首　三井文庫編『館蔵名品展図録』同文庫、一九八七年

熊野古道略図（日付は定家らの到着日）　三井記念美術館他編『国宝熊野御幸記』八木書店、二〇〇九年（一部加筆）

熊野古道（祓殿〈戸〉王子附近の坂）　熊野本宮観光協会ウェブサイト https://www.hongu.jp/

第五章

黒部奥山図（「新川郡図」　江戸時代後期）　富山県立山博物館編『奥山巡見』同館、二〇〇七年

描かれた鎌倉時代の葛川明王院／「葛川与伊香立荘相論絵図」（部分）　大津市歴史博物館編『回峰行と聖地葛川』同館、二〇〇四年

伊吹山　長浜・米原を楽しむ観光情報ウェブサイト https://kitabiwako.jp/spot/spot_322

播隆肖像　穂苅三寿雄他『槍ヶ岳開山播隆』大修館書店、一九八二年

上高地河童橋に立つウェストン夫妻　ウォルター・ウェストン（黒岩健訳）『日本アルプスの登山と探検』大江出版社、一九八二年

右記以外の写真はすべて著者撮影

あとがき

本書の出版をお勧めいただいたのは、前著を講談社選書メチエから上梓した直後である。その時点では、持てるアイデアをすべて絞り出したような気分になっており、すぐにあらたな課題に取り掛かるのは難しいようにも思えた。そういうわけで着手までにはしばらく時間がかかったものの、涸れ果てたはずの泉からもだんだんとアイデアが湧き出してきて、ようやく一書にまとめられた。この間、ご担当の山﨑比呂志氏は現代新書編集部に移られながらもこの企画を引き継いでくださり、何度も相談に乗っていただいた。新書という形での執筆ははじめてで、どうしても学術書よりの叙述形式になりがちであったが、氏のアドバイスのおかげで、これでもかなり読みやすくなったのではないかと自負している。このような形でなければ表現できない歴史叙述にこだわってみたが、力不足で大風呂敷を広げたままに終わってしまった感もないではない。その点は、読者の忌憚のないご意見を待って、今後さらに考え続けていきたいと思う。

省みれば、前著を上梓したのは東日本大震災の年であった。そして今回は、新型コロナウィルス感染拡大の中、在宅を続けながら最後の校正を進めている。民衆仏教の系譜を追い続けながら、その民衆を苦しめてきた天災や疫病のことを、こうして二度までも肌身に感じることになった。いま、歴史の中で宗教の果たしてきた役割に、あらためて深く思いをいたしている。

本書がなるまでには、いままで同様多くの方にお世話になった。とくに、なんとか構想がまとまってきたおり、法華コモンズ仏教学林（西山茂理事長）において連続講義をさせていただいたことで、執筆をさきに進めることができた。毎回熱心に聴講に臨まれた受講者と、つぎつぎと魅力的な企画を立ち上げて旺盛な活動を続けている布施義高学林長以下、スタッフの皆様に謝意を示したい。さらに、つづけて思い浮かぶ恩師・同僚・同学の数は多いが、母校である東京都立青山高等学校生物科の当時の恩師、吾妻完一先生と仲間たちにとくに感謝したい。吾妻先生は、休日を利用しては高尾山や御岳山《みたけさん》など東京近郊の低山に生物部員のわれわれを連れ出し、植物や小動物の名前、生態系の成り立ちなどを話しながら山歩きの楽しさを教えてくださった。妙高山麓で催されたスキー教室で、はじめてのスキーも先生から教わった。先日、大学摸擬講義という企画で久しぶりに母校を訪れた際には、その時の思い出を胸に本書のテーマで講義させていただいた。頂点ばかりを見ずに裾野にこそ注目せよ、というメッセージは、後輩諸君にうまく届いたであろうか。

いっぽうで、ついにまみえることの叶わなかった多くの先学にも敬意を表したい。若いころ、四国山中のある寺院が営むユースホステルで、「旅人は仏のつかい」とあざやかに認められた五来重氏の色紙を目にしたことはいまも忘れられない。本書では批判的な取り上げ方になってしまったが、氏の学問から溢れ出すこうした風情にはずっと魅了されてきた。また、熊野参詣をはじめとする戸田芳実氏の古道研究も、飽かず私の心を捉え続けている。ともに本書執筆の原動力となった。

最後に、いつも心の支えとなってくれる家族にも感謝したい。私の高校時代も知っている妻の母は、若いころから歌声喫茶でアルバイトをし、ロシア民謡で名を馳せた男性ボーカルグループ・ダークダックスのファンクラブ会員番号一桁、メンバーとゴーハイにも行ったという、少々おはねさんな青春時代を大阪で過ごしている。登山とスキーでも鳴らしたという義母の思い出話から、六〇年代に差しかかるころの若者文化のリアルな息吹を毎回感じたものだ。しかし、残念ながらこの本の完成を見ることなく、昨年きゅうにこの世を去った。その霊前に、本書を捧げたい。

春のなごりを感じつつ

著者しるす

講談社現代新書　2577
日本人《にほんじん》と山《やま》の宗教《しゅうきょう》
二〇二〇年七月二〇日第一刷発行

著者　菊地大樹《きくちひろき》　© Hiroki Kikuchi 2020

発行者　渡瀬昌彦

発行所　株式会社講談社
東京都文京区音羽二丁目一二―二一　郵便番号一一二―八〇〇一

電話　〇三―五三九五―三五二一　編集（現代新書）
〇三―五三九五―四四一五　販売
〇三―五三九五―三六一五　業務

装幀者　中島英樹

印刷所　株式会社新藤慶昌堂

製本所　株式会社国宝社

定価はカバーに表示してあります　Printed in Japan

N.D.C. 210.12　298p　18cm
ISBN978-4-06-520620-1

「講談社現代新書」の刊行にあたって

教養は万人が身をもって養い創造すべきものであって、一部の専門家の占有物として、ただ一方的に人々の手もとに配布され伝達されうるものではありません。

しかし、不幸にしてわが国の現状では、教養の重要な養いとなるべき書物は、ほとんど講壇からの天下りや単なる解説に終始し、知識技術を真剣に希求する青少年・学生・一般民衆の根本的な疑問や興味は、けっして十分に答えられ、解きほぐされ、手引きされることがありません。万人の内奥から発した真正の教養への芽ばえが、こうして放置され、むなしく滅びさる運命にゆだねられているのです。

このことは、中・高校だけで教育をおわる人々の成長をはばんでいるだけでなく、大学に進んだり、インテリと目されたりする人々の精神力の健康さえもむしばみ、わが国の文化の実質をまことに脆弱なものにしています。単なる博識以上の根強い思索力・判断力、および確かな技術にささえられた教養を必要とする日本の将来にとって、これは真剣に憂慮されなければならない事態であるといわなければなりません。

わたしたちの「講談社現代新書」は、この事態の克服を意図して計画されたものです。これによってわたしたちは、講壇からの天下りでもなく、単なる解説書でもない、もっぱら万人の魂に生ずる初発的かつ根本的な問題をとらえ、掘り起こし、手引きし、しかも最新の知識への展望を万人に確立させる書物を、新しく世の中に送り出したいと念願しています。

わたしたちは、創業以来民衆を対象とする啓蒙の仕事に専心してきた講談社にとって、これこそもっともふさわしい課題であり、伝統ある出版社としての義務でもあると考えているのです。

一九六四年四月　野間省一

宗教

Ⓒ

日本史Ⅰ

1258 身分差別社会の真実——斎藤洋一 大石慎三郎
1265 七三一部隊——常石敬一
1292 日光東照宮の謎——高藤晴俊
1322 藤原氏千年——朧谷寿
1379 白村江——遠山美都男
1394 参勤交代——山本博文
1414 謎とき日本近現代史 野島博之
1599 戦争の日本近現代史 加藤陽子
1648 天皇と日本の起源 遠山美都男
1680 鉄道ひとつばなし——原武史
1702 日本史の考え方——石川晶康
1707 参謀本部と陸軍大学校 黒野耐
1797 「特攻」と日本人——保阪正康
1885 鉄道ひとつばなし2——原武史
1900 日中戦争——小林英夫
1918 日本人はなぜキツネにだまされなくなったのか 内山節
1924 東京裁判——日暮吉延
1931 幕臣たちの明治維新 安藤優一郎
1971 歴史と外交——東郷和彦
1982 皇軍兵士の日常生活 一ノ瀬俊也
2031 明治維新 1858-1881 坂野潤治 大野健一
2040 中世を道から読む——齋藤慎一
2089 占いと中世人——菅原正子
2095 鉄道ひとつばなし3——原武史
2098 戦前昭和の社会 1926-1945——井上寿一
2106 戦国誕生——渡邊大門
2109 「神道」の虚像と実像 井上寛司
2152 鉄道と国家——小牟田哲彦
2154 邪馬台国をとらえなおす——大塚初重
2190 戦前日本の安全保障——川田稔
2192 江戸の小判ゲーム——山室恭子
2196 藤原道長の日常生活 倉本一宏
2202 西郷隆盛と明治維新 坂野潤治
2248 城を攻める 城を守る——伊東潤
2272 昭和陸軍全史1——川田稔
2278 織田信長〈天下人〉の実像 金子拓
2284 ヌードと愛国——池川玲子
2299 日本海軍と政治——手嶋泰伸

哲学・思想Ⅱ

哲学・思想Ⅰ

66 哲学のすすめ――岩崎武雄
159 弁証法はどういう科学か 三浦つとむ
501 ニーチェとの対話――西尾幹二
871 言葉と無意識――丸山圭三郎
898 はじめての構造主義 橋爪大三郎
916 哲学入門一歩前――廣松渉
921 現代思想を読む事典 今村仁司 編
977 哲学の歴史――新田義弘
989 ミシェル・フーコー 内田隆三
1001 今こそマルクスを読み返す 廣松渉
1286 哲学の謎――野矢茂樹
1293 「時間」を哲学する――中島義道
1315 じぶん・この不思議な存在――鷲田清一
1357 新しいヘーゲル――長谷川宏
1383 カントの人間学――中島義道
1401 これがニーチェだ――永井均
1420 無限論の教室――野矢茂樹
1466 ゲーデルの哲学――高橋昌一郎
1575 動物化するポストモダン 東浩紀
1582 ロボットの心――柴田正良
1600 ハイデガー＝存在神秘の哲学――古東哲明
1635 これが現象学だ――谷徹
1638 時間は実在するか 入不二基義
1675 ウィトゲンシュタインはこう考えた 鬼界彰夫
1783 スピノザの世界――上野修
1839 読む哲学事典――田島正樹
1948 理性の限界――高橋昌一郎
1957 リアルのゆくえ――大塚英志 東浩紀
1996 今こそアーレントを読み直す――仲正昌樹
2004 はじめての言語ゲーム――橋爪大三郎
2048 知性の限界――高橋昌一郎
2050 超解読！ はじめてのヘーゲル『精神現象学』 竹田青嗣 西研
2084 はじめての政治哲学 小川仁志
2099 超解読！ はじめてのカント『純粋理性批判』 竹田青嗣
2153 感性の限界――高橋昌一郎
2169 超解読！ はじめてのフッサール『現象学の理念』――竹田青嗣
2185 死別の悲しみに向き合う――坂口幸弘
2279 マックス・ウェーバーを読む――仲正昌樹